Breve historia
de la Revolución
mexicana

BREVE HISTORIA
DE LA REVOLUCIÓN
MEXICANA

Francisco Martínez Hoyos

nowtilus

Colección: Breve Historia
www.brevehistoria.com

Título: *Breve historia de la Revolución mexicana*
Autor: © Francisco Martínez Hoyos

Copyright de la presente edición: © 2015 Ediciones Nowtilus, S.L.
Doña Juana I de Castilla 44, 3º C, 28027 Madrid
www.nowtilus.com

Elaboración de textos: Santos Rodríguez
Revisión y adaptación literaria: Teresa Escarpenter

Responsable editorial: Isabel López-Ayllón Martínez
Maquetación: Patricia T. Sánchez Cid
Diseño y realización de cubierta: Onoff Imagen y comunicación
Imagen de portada: Fco. Villa y su estado mayor Creator: C.C. Harris
Foto Date: 1910-1917 Part Of: American border troops and the Mexican
Revolution

ISBN edición impresa: 978-84-9967-707-1
ISBN impresión bajo demanda: 978-84-9967-708-8
ISBN edición digital: 978-84-9967-709-5
Fecha de edición: Mayo 2015

Impreso en España
Imprime: Servicepoint
Depósito legal: M-12225-2015

Índice

Introducción

La Revolución fue para México en el siglo xx lo que la independencia de España en el siglo xix: un momento fundacional, el factor que iba a determinar su evolución posterior. Marcó el inicio de un proceso de cambio, aunque aún está por dilucidar el alcance del mismo. De ahí que el período, en la memoria nacional, esté lleno de connotaciones positivas al representar, en palabras de Juan Ramón de la Fuente, antiguo rector de la Universidad Nacional de México, «la parte más valiosa de nuestra historia, la que descubre las acciones de quien ha buscado la igualdad, la justicia, la libertad y las instituciones que garanticen esos derechos para todos los mexicanos».

Esta imagen benéfica explica por qué, en cada ciudad del país, hay una calle que conmemora aquellos hechos, sinónimo de progreso en la conciencia colectiva. «Lo bueno es revolucionario, lo revolucionario es bueno», escribió Enrique Krauze en su *Biografía del poder*. No es extraño, pues, que la historiografía haya dedicado a la revolución un sinfín de trabajos y debates académicos, a veces apasionados, sobre su naturaleza. ¿Fue una auténtica revolución, es decir, un proceso transformador de la sociedad, o sólo una gran rebelión, una *jacquerie* al estilo de las sublevaciones campesinas medievales, sangrienta y desorganizada?

La mitología ha impedido una comprensión exacta del período, más allá de voluntarismos políticos, de forma que se acaba juntando en el mismo panteón de héroes a figuras dispares como Madero, Zapata, Villa o Carranza, como si estos, en vida, hubieran luchado por la misma causa en lugar de enfrentarse a muerte. Nada de eso importaba porque se habían convertido en los santos laicos de una auténtica religión política, la que justificaba la legitimidad de la república mexicana como heredera de una lucha con perfiles de epopeya.

UNA REALIDAD PLURAL

La revolución estalló porque se acumularon muchos problemas sin resolver al mismo tiempo. De ahí que no podamos hablar de un único proceso, sino de muchos, dentro de una dinámica de extrema complejidad. Mientras algunos protagonistas se conformaban con garantizar una alternancia limpia en el poder, otros soñaban con modificar sustancialmente las estructuras económicas. La idea de un acontecimiento monolítico, es decir, de un acontecimiento que afectara a todo el país al mismo tiempo y de la misma manera, ya no puede sostenerse científicamente. Paul Garner, en su monografía sobre el caso de Oaxaca, señala que «las perspectivas regionales han demostrado que la génesis y la exégesis de la revolución en México no fueron universales ni homogéneas, sino más bien un reflejo de la disparidad en el desarrollo regional en México durante el siglo XIX».

Hablamos de distintas circunstancias a nivel regional e incluso en función de cada municipio, tal como señaló Frank Tannenbaum. El maderismo, el zapatismo, el villismo o el carrancismo representan proyectos políticos diferentes, cada uno apoyado por distintos sectores sociales, con liderazgos enfrentados. En palabras de Enrique Florescano, «esa heterogeneidad de los movimientos sociales que participaron en la revolución, la diversidad en la conformación de los ejércitos, las diferencias profundas en los proyectos políticos, el antagonismo entre una forma moderna de representación política y las propuestas basadas en los derechos de las sociedades tradicionales, son una primera dificultad para caracterizar, con un concepto genérico, la realidad política y social de la revolución mexicana».

Por esta realidad multiforme, Macario Schettino ha llegado al extremo de afirmar que la revolución no existe como hecho histórico objetivo, sino como construcción cultural que, *a posteriori*, ya en época del presidente Cárdenas, proporciona «un sentido de continuidad a movimientos totalmente dispares».

En las últimas décadas, los estudios historiográficos han derribado las antiguas certezas y por ello es debatible hasta qué punto la revolución afectó al conjunto del país. Unas zonas participaron activamente, otras permanecieron al margen y sólo se vieron afectadas por imposiciones del exterior. En San José de Gracia, Michoacán, se veía a los alzados como a unos personajes ajenos, a los que se denominaba «fronterizos» porque se habían sublevado en la frontera norte.

¿Hablamos de un protagonismo del pueblo? Felipe Arturo Ávila señala una participación masiva en las movilizaciones entre 1910 y 1920, pero, al mismo tiempo, nos indica que se trató de una «participación minoritaria, que no abarcó a la mayoría de la población». Pero, según el mismo autor, esta intervención habría sido «multitudinaria».

Camino hacia la rebeldía

La irrupción de las masas, fuera del alcance que fuera, hizo saltar por los aires más de treinta años de gobierno oligárquico. La dictadura de Porfirio Díaz, al bloquear los canales para la renovación de las élites políticas, suscitó un movimiento contrario a una nueva reelección del presidente a través de comicios amañados. La obcecación del gobierno, que hacía aguas, hizo imposible un acuerdo pacífico.

El empresario Francisco I. Madero lideró las protestas, pero la amplitud de las mismas iba mucho más allá de una simple revuelta de notables. Los campesinos y los obreros aprovecharon para rebelarse contra sus duras condiciones de vida, reclamando cambios en la estructura económica, al tiempo que exigían canales auténticos con los que hacer oír su voz. Los zapatistas, por ejemplo, defendieron la autonomía municipal como un artículo de fe. Fue su demanda más importante en el terreno político.

¿Hasta qué punto contribuyó la opresión a provocar el estallido social? Según Friedrich Katz, no existe correlación entre la explotación sufrida bajo la dictadura y la posterior actividad revolucionaria. El porfiriato no andaba escaso de limitaciones democráticas, pero al menos había conducido al país a una era insólita de estabilidad. Es posible, pues, que en la revolución no influyera tanto la tiranía como las expectativas de una clase media que anhelaba ocupar su parcela de poder. En opinión de Jean Meyer, los revolucionarios no pretenden, en realidad, destruir la obra del antiguo régimen sino llevarla a su culminación.

Por otra parte, deberíamos conocer por qué ciertos grupos populares, como los peones de muchas haciendas, prefirieron continuar obedeciendo a sus amos en lugar de unirse a la insurgencia. Hay que estar prevenido ante una equiparación demasiado simplista entre la situación en la pirámide social y la actitud política, lo mismo que a la hora de identificar sin más revolución y movimiento popular. El hecho de que los obreros de la capital, encuadrados en los Batallones Rojos, se dedicaran a reprimir a los campesinos zapatistas, da a entender que la historia es más compleja de lo que muchas veces se pretende. Para decepción de los teóricos marxistas, los trabajadores urbanos y los rurales estuvieron lejos de ofrecer un frente común.

La cuestión, por tanto, sería qué es lo que llevó a México, en pocos años, a pasar de un régimen más o menos consolidado a una situación donde imperó la anarquía y el Estado nacional estuvo a punto de disolverse, en medio de un día a día en el que la muerte se volvía cotidiana. «Se acostumbraba la gente a la matanza», escribiría el pintor José Clemente Orozco.

EL REINADO DEL CAOS

Desalojado Díaz del poder en 1911, la revolución se extendió durante una década en la que se mezclaron las luces y las sombras, los anhelos de justicia social con las arbitrariedades de los señores de la guerra, capaces de decidir con un gesto el destino de vidas y haciendas.

El pueblo en armas. Mural en acrílico de David Alfaro Siqueiros,
1957–1965. Museo Nacional de Historia, Ciudad de México.

Madero asumió la presidencia, pero sus reformas resultarían demasiado radicales para unos y
demasiado tímidas para otros. Ante la negativa de los
grupos rebeldes a deponer las armas, la inestabilidad
se convirtió en un mal crónico. Diversas facciones
podían unirse frente a un enemigo común, pero
después no eran capaces de ponerse de acuerdo entre
ellas. Por esta razón, Pancho Villa y Emiliano Zapata
fueron figuras de ámbito regional pero no tuvieron
capacidad de plantear un proyecto a nivel de todo
el Estado. ¿Fue por eso por lo que fracasaron? Hay
quien piensa que Villa debió anteponer la revolución social al triunfo militar. Es posible, pero esta
premisa se derrumba cuando observamos que Zapata,

precisamente por priorizar el reparto de la tierra, vio seriamente dañada su eficacia bélica.

El poder civil, mientras tanto, carecía de auténtica autoridad, por lo que todo un presidente, Eulalio Gutiérrez, no se atrevía a desafiar las decisiones de Pancho Villa por miedo a quedar públicamente en ridículo, si, como era muy probable, el guerrillero decidía ignorarlo.

México, por un tiempo, se convirtió en un Estado fallido donde no había más ley que la dictada por la fuerza. Si los sóviets fueron el elemento crucial de la Revolución rusa, en la mexicana, según el historiador David A. Brading, fueron los caudillos, respaldados por sus bandas armadas, quienes ejercieron el auténtico poder. Era el momento de hombres como Zapata y Villa, mal preparados en términos culturales, ya que apenas sabían leer y escribir, pero con pocos rivales a la hora de disparar y montar a caballo.

La justicia, en demasiadas ocasiones, acostumbraba impartirse de forma sumarísima. Álvaro Obregón, apenas entró en la capital, promulgó un bando en el que se amenazaba con la última pena a todos los que cometieran robos o violentaran de otras maneras el orden público. En *El águila y la serpiente*, Martín Luis Guzmán cuenta cómo un general ejecutó a un pobre hombre, tras exigirle un préstamo forzoso muy por encima de sus posibilidades. Sabía que carecía de recursos económicos, pero el verdadero objetivo era amedrentar a los ricos, que, tal como esperaba el militar, pagaron puntualmente después del ahorcamiento.

Una visión desde abajo

Ante las demandas de los grupos subalternos, quedó claro que la constitución de 1857 era obsoleta. Por eso se convocó un congreso constituyente a finales de 1916, de donde surgió una carta magna que garantizaba entre otros puntos la educación obligatoria, la nacionalización de los recursos naturales o la separación de la Iglesia y el Estado. Así, a través de un pacto con los sectores populares, la burguesía emergente supo ampliar su base social.

Se ha tendido, en muchas ocasiones, a suponer que la actitud del pueblo llano, en aquellos años turbulentos, fue de pasividad. ¿Hasta qué punto es cierta esta imagen? ¿Cómo podemos sondear la opinión de los mexicanos anónimos? John Mason Hart ofrece una posible respuesta al señalar que las masas se involucraron activamente en la revolución. Para llegar a esta conclusión, este historiador no tiene sólo en cuenta los revolucionarios encuadrados en movimientos como el zapatismo, el villismo o el constitucionalismo. Fuera de ellos encontramos comunidades que protagonizan numerosos actos de revuelta, por ejemplo, asaltos contra las propiedades de extranjeros, sobre todo estadounidenses y mexicanos. La clave estaría en el largo historial de revueltas de estos grupos. Hart aboga por situar los acontecimientos, si queremos entenderlos, dentro de una larga trayectoria de rebeldía protagonizada tanto por los campesinos como por los trabajadores urbanos e industriales.

En cambio, llegamos a otra conclusión si partimos de los testimonios recogidos por otros dos historiadores ilustres, Luis González y Friedrich Katz, a través de un concurso. Solicitaron a la gente, sobre

Revolucionario mexicano. La imagen muestra cómo los combatientes dedicaban parte de su tiempo a las tareas agrícolas.

todo a la que vivía en un medio rural, que explicara su experiencia de la revolución en algunas páginas. La participación sobrepasó con mucho lo esperado: varios miles de personas. Contrariamente a lo que cabía suponer, la mayoría tenía un recuerdo traumático, equivalente al de alguna catástrofe natural como un terremoto o una alteración climática. Se demostró así, según González, el carácter impopular de «la llamada Revolución».

¿Visiones incompatibles? Tal vez no. Tal vez sólo puntos de vista parciales, cada uno con su parte de verdad. Hubo revolucionarios que lucharon por un cambio social y otros que empuñaron el rifle simplemente porque una facción les había privado de sus posesiones, dejándoles sin otro medio de vida que incorporarse a un ejército.

¿Una revolución sin ideología?

La tesis de la inconsciencia política, un auténtico lugar común, presenta a la mayoría de los mexicanos como los ciegos ejecutores de los designios de sus líderes. Desde esta óptica, la ausencia de proyectos definidos se reflejaría en una expresiva anécdota contada por el escritor Carlos Noriega Hope, quien en cierta ocasión le preguntó a un veterano de la revolución, un tal Antiparro, de qué partido era. Antiparro, después de pensarlo mucho, le dijo que no lo sabía: Él iba con el mayor Ramos. La respuesta da a entender una mentalidad premoderna, al remitirnos a un mundo en el que lo que cuenta es la fidelidad a un individuo concreto, no a una idea abstracta. Según Noriega Hope, la mayoría de los soldados de a pie hubiera dicho lo mismo si alguien se hubiera tomado la molestia de hacerles la misma pregunta. Lo único que contaba era el jefe, dueño de hacer y deshacer a su capricho, de cambiar de bando si le parecía, sin necesidad de consultar el parecer de sus hombres.

Se ha insistido mucho en que las grandes ideologías brillan aquí por su ausencia. Mientras la Revolución francesa contaría con una filosofía previa, la Ilustración y la Revolución rusa se basarían en la teoría marxista, la Revolución mexicana no se inspiraría en ningún programa político o económico. «La Revolución apenas tiene ideas. Es un estallido de realidad», dirá el poeta Octavio Paz. Por su parte, el historiador Daniel Cosío Villegas señaló la inexistencia de un «programa claro». Los referentes utilizados, como el nacionalismo, tenían significados difusos. Surgió así una peculiar mezcla que no se identificaba plenamente ni con el liberalismo ni con el socialismo, las dos grandes doctrinas, por entonces, en pugna a nivel mundial.

Se ha destacado también que tampoco encontramos a las grandes figuras de origen burgués y educación superior que en otros lugares ejercen el liderazgo, como Ho Chi Minh en Vietnam, Mao en China o Fidel Castro en Cuba. Tannenbaum afirmaba que, a diferencia de lo que había sucedido en Rusia, ningún Lenin elaboró las directrices teóricas de la sublevación mexicana: «No hubo grandes intelectuales que redactaran su programa, que formularan su doctrina, que trazaran sus objetivos». Adolfo Gilly coincidió con esta apreciación al apuntar que la rebeldía de los campesinos mexicanos «se inició sin un programa ni teoría previos». Krauze, a su vez, hizo notar que los revolucionarios no se agrupaban en torno a corrientes de pensamiento, como el socialismo o el nacionalismo, sino alrededor de personas. Los grandes Ismos del período tienen que ver, en efecto, con los líderes del momento: maderismo, zapatismo, villismo, carrancismo... No obstante, decir esto no es decir mucho ya que en la Revolución rusa, sin ir más lejos, se produce el mismo fenómeno: leninismo, trotskismo, stalinismo...

Los hombres de acción son siempre los que acaparan los primeros planos, dejando a los teóricos en la penumbra. A un Pancho Villa, por ejemplo, no lo guía un pensamiento demasiado profundo, sino una mezcla fascinante de impulsos justicieros y comportamientos brutales. Su alma, como dijo Martín Luis Guzmán, era la de un jaguar. La gente, si se acercaba, podía esperar razonablemente que le alcanzaran sus dentelladas. Pero, al mismo tiempo, podía ser un hombre preocupado por los más humildes, amante de los niños, tierno incluso.

Consciente de sus deficiencias culturales, Villa aceptaba que quienes luchaban y quienes gestionaban la victoria no tenían que ser las mismas personas. Aspirar a la presidencia del gobierno, por eso mismo, ni se le pasaba por la cabeza. El país no podía permitirse un líder que fuera incapaz, por ejemplo, de tratar con los embajadores extranjeros o los congresistas cultos.

Zapata, a su vez, se interesaba también por cuestiones eminentemente prácticas. En cierta ocasión le explicaron qué era el comunismo, pero encontró repulsiva la idea de que otros compartieran con él la propiedad de la tierra. El anarquismo le inspiraba más simpatías, aunque sólo hasta cierto punto.

Algo de verdad hay en el retrato de un mundo ajeno al pensamiento. La ideología, para un hombre esencialmente pragmático como Obregón, no pasa de ser «literatura, versos en prosa». Es decir, algo que se utilizaba en función de las necesidades del momento. Como él, muchos revolucionarios carecieron de credo filosófico. Y si lo tuvieron, no lo hicieron explícito.

Sin embargo, el argumento, llevado al extremo, nos conduce a un callejón sin salida. Una revolución sin ideas o al margen de ellas equivale a un absurdo: no puede existir praxis sin teoría, ya sea implícita o explícita, elemental o elaborada. Arnaldo Córdova, en los años setenta, abogó por desterrar del debate académico la hipótesis de la ausencia de una filosofía. Sí la hubo, aunque en manos de intelectuales que no fueron filósofos propiamente dichos, personajes como Andrés Molina Enríquez, Luis Cabrera, Salvador Alvarado y Roque Estrada, entre otros.

La historiografía, por desgracia, no ha profundizado demasiado en los intelectuales de clase media que, como dijo Gloria Villegas, contribuyeron a dotar a la lucha «de un significado que no aparece propiamente en los caudillos». Tuvieron una importancia especial los maestros de primaria, en ocasiones consejeros de los jefes militares e incluso responsables de puestos del gobierno. Paul Garner nos recuerda que, en la Oaxaca de 1911, cuatro de los más destacados rebeldes fueron profesores: Aguilar, Ortiz, Olivera y San Germán.

¿En qué consistió la ideología de los revolucionarios? Córdova apunta que algunos principios se tomaron del antiguo régimen: el desarrollo material entendido como crecimiento económico y la necesidad de un gobierno fuerte. Tras el fracaso democratizador del presidente Madero, el liberalismo se convertirá en un valor a la baja en beneficio de las soluciones autoritarias. Por otra parte, se coincidió en señalar, en la estela de Molina Enríquez, que el problema de la tierra constituía el principal reto al que se enfrentaba el país.

Los caudillos se hacían obedecer en la medida en que conectaban con las aspiraciones populares, resumidas por Pancho Villa en las memorias que dictó a Manuel Bauche: «Estamos peleando por nuestras vidas y por nuestros hogares; por la justicia y la igualdad, para traer una era de paz a la desdichada república de México, que tendrá que realizar la abolición de amos y esclavos y la evolución de una nación en la que no debe haber ni gran riqueza ni gran pobreza».

Para la gente más sencilla, se trataba, simplemente, de huir de la miseria ancestral. Un campesino descalzo se lo dijo al periodista John Reed: «La revolución es buena. Cuando concluya no tendremos hambre, nunca, nunca, si Dios es servido». Por desgracia, mientras aguardaban el fin de las turbulencias, los humildes carecían de alimentos y ropa.

Reed también habló con unos revolucionarios que le manifestaron su esperanza de que, tras la victoria, se suprimiera el ejército. Lo consideraban un instrumento de opresión, del que se había aprovechado la dictadura de Porfirio Díaz. Al ser preguntados sobre qué harían en caso de una invasión

El periodista estadounidense John Reed (1887-1920), autor de *México insurgente*, una de las grandes crónicas de la revolución.

norteamericana, no dudaron en responder que los derrotarían a fuerza de valor, al tener la ventaja de pelear por sus hogares y por sus mujeres.

El nacionalismo, por tanto, también es otro elemento de la revolución, expresado en la afirmación de la identidad propia frente a los extranjeros, sobre todo los estadounidenses. Este objetivo coexiste con otros, de distinta naturaleza, que adquieren más o menos protagonismo según el momento y el lugar. Al principio, todo pareció reducirse a evitar que un hombre, Porfirio Díaz, se perpetuara indefinidamente en el sillón presidencial. Sin embargo, el problema de la tierra saltó inmediatamente al primer plano, de forma que hasta líderes moderados como Venustiano Carranza reconocían, más o menos a su pesar, que el país necesitaba cambios.

¿UNA REVOLUCIÓN CAMPESINA?

Como portavoz del movimiento campesino, el zapatismo acostumbra a ser interpretado como la esencia de la revolución, pero lo cierto es que sus seguidores plantearon su lucha en términos locales, desprovistos como estaban de un proyecto de Estado, entre otras razones por la ideología rural que les hacía desconfiar del mundo de las ciudades. Lo suyo, más que una revolución moderna, era una revuelta tradicional. John Womack, en *Zapata y la Revolución mexicana*, subraya esta dimensión: «Éste es un libro acerca de unos campesinos que no querían cambiar y que, por eso mismo, hicieron una revolución».

Tampoco es exacto que el zapatismo sea el único movimiento revolucionario genuinamente agrario. Es posible hallar otros ejemplos, como el de los indios yaquis de Sonora, que sirvieron en las filas maderistas y constitucionalistas. Características similares presenta el movimiento que encontramos en Sinaloa, también protagonizado por indígenas. La misma problemática se halla presente en Cuencamé, donde los indios ocuilas habían visto cómo ciertos latifundistas se apoderaban de sus tierras.

En Veracruz, asimismo, detectamos una importante agitación de signo rural. Allí, según el cónsul de Estados Unidos, la cuestión agraria constituía el principal motivo de inquietud. Para la población autóctona resultaba intolerable que gente foránea pudiera adquirir propiedades, rompiendo así con la tradición de que sólo los habitantes de la zona disfrutaran de las tierras de sus antepasados.

No obstante, según Héctor Aguilar Camín, sería un error identificar la revolución con un programa agrario vinculado a zonas del sur. Se trataría, por el contrario, de algo que bajó desde el norte. ¿Debemos revisar el paradigma que hace de la tierra el motivo básico de las movilizaciones? Para los críticos de la historia tradicional, los verdaderos dirigentes revolucionarios fueron gente de extracción burguesa, capaces de atraerse el favor del pueblo —más bien del populacho—, en función de sus intereses. Las clases subalternas tendrían un papel secundario, siempre a remolque de otros grupos.

Este «revisionismo» no ha generado unanimidad en la comunidad historiográfica. Para Alan Knight, por ejemplo, está claro el protagonismo de las masas campesinas en el proceso de cambio. Sin ellas no se explica la caída de Porfirio Díaz, ni la posterior derrota de Huerta. Habría que distinguir entre el campesinado con un cierto grado de control sobre la tierra, que se rebeló para evitar que la propiedad cambiara de manos, y los simples peones.

A Knight no le faltan razones. A principios de 1912, el anarquista Ricardo Flores Magón constataba que todos los periódicos mexicanos, fuera cual fuera su tendencia política, estaban de acuerdo en un punto: el movimiento agrario constituía la espina dorsal de la revolución. Nadie discutía que, entre todos los problemas, el de la tierra fuera el más urgente. Sin embargo, una cosa eran las declaraciones teóricas y otra las realizaciones prácticas. El gobierno, ocupado en esos momentos por el maderismo, no dejaba de verse limitado por su origen burgués. De ahí que empleara medios que a Magón le parecían demasiado mezquinos. En su opinión, constituía un contrasentido buscar soluciones sin atreverse a cuestionar el derecho de propiedad de la clase terrateniente.

La burguesía podía ser timorata, centrada más en los derechos políticos que en los sociales, pero la realidad iba por delante de sus expectativas. Mientras en la capital se discutían planes para realizar expropiaciones con indemnización, las masas campesinas actuaban y ocupaban tierras. Y lo hacían, como escribía Magón, «sin pedir permiso al que llaman dueño ni enviar comisiones a la Ciudad de México».

A diferencia de la Revolución francesa, la mexicana sería un fenómeno esencialmente rural, aunque eso no significa que no existieran zonas campesinas, como Aguascalientes o Nuevo León, que permanecieran en calma. Bien porque los terratenientes tenían demasiado poder como para ser desafiados, bien porque las comunidades agrarias aceptaran el *statu quo*.

Hay que buscar, pues, las circunstancias particulares de cada caso. En Silao (Guanajuato), los pequeños propietarios se vieron arruinados por las reformas agrícolas. Tras gastarse mucho dinero en electricidad para mejorar el sistema de irrigación, la caída de los precios agrícolas les hundió. Eso explica que se unieran a las tropas de Pancho Villa con entusiasmo. Así, a través de la incorporación al ejército, podían escapar de los bancos con los que se habían endeudado.

En el Estado sureño de Tabasco, los propietarios también van a ser los protagonistas. No eran los clásicos hacendados, como dice Gloria Villegas, sino empresarios dotados de un «cierto sentido progresista», interesados en vincularse al comercio internacional, algo que en su caso implicaba, básicamente, formar parte del tráfico bananero de la región.

¿Cuál fue, mientras tanto, la actuación de las ciudades? Según Knight, desempeñaron un papel más bien exiguo. El proletariado industrial, lejos de la vanguardia que le adjudicaban los teóricos marxistas, «apenas participó en la retaguardia». Los obreros de Puebla y Veracruz decepcionaron las esperanzas puestas en ellos.

Si una cosa se deduce del examen de la documentación, es la complejidad de los conflictos del México de principios del siglo xx, demasiada para reducirla a una fórmula fácil. Los antagonismos no respondían sólo a enfrentamientos de clase, también a rivalidades geográficas, lo mismo entre regiones distintas que entre la ciudad y el campo. Así, los zapatistas, a ojos de los tlaxcaltecas, no pasaban de simples bandoleros que incursionaban en su territorio cometiendo toda clase de tropelías. Tales desmanes provocaban considerables daños en la actividad económica, al paralizarse los medios de transporte y dificultarse el abastecimiento de las fábricas y los comercios. Ese era el efecto que tenían los ataques de los hombres de Zapata contra el ferrocarril que unía Veracruz con Ciudad de México. La población civil, mientras tanto, sufría un abuso detrás de otro. Según Blanca Esthela Santibáñez, se multiplicaban sus quejas por el robo de animales de carga, de corral y de pastos.

Por otra parte, todos los bandos en conflicto estaban interesados en incorporar a sus tropas a la mano de obra fabril, de manera voluntaria o no, con el consiguiente perjuicio para la actividad productiva. Para los trabajadores, unirse a un grupo armado implicaba una posibilidad de mejoría económica en un contexto de crisis, en el que proliferaban los cierres de empresas, dentro de una situación de permanente inseguridad. De esta manera sus familias tendrían recursos con los que subsistir.

Mientras tanto, aquellos que permanecían en las fábricas no parecían interesados en subvertir el capitalismo, sino en obtener pequeñas mejoras en sus condiciones de vida. Seguían una estrategia «economicista», según decía, peyorativamente, la izquierda radical.

Zapatistas. Su revuelta encarna el agrarismo más radical de la Revolución mexicana.

LEGADO AMBIVALENTE

Nos encontramos, como hemos visto, ante un país en plena efervescencia, en el que todo parece cuestionarse. La historia de estos años convulsos no ha de ser solamente militar y política, sino lo suficientemente amplia para abarcar todas las dimensiones de un puzle de extraordinaria complejidad. En el aspecto económico, las continuas guerras civiles devastaron el país, tanto por las pérdidas humanas como por la destrucción de recursos materiales; con pérdida de infraestructuras ferroviarias, minas, industrias...

A nivel social, se hace preciso conocer las experiencias de los campesinos, de los soldados rasos y de sus célebres compañeras, las míticas soldaderas, que no dudaron en empuñar el fusil.

A nivel cultural, la influencia revolucionaria resultó decisiva en ámbitos como la pintura, de la mano de los muralistas, o la literatura, con la aparición de novelas como *Los de abajo*, de Mariano Azuela. Tampoco podemos prescindir de la conflictividad religiosa, expresada en un anticlericalismo militante que se manifestó de mil maneras, desde la quema de confesionarios al fusilamiento de imágenes sagradas o la conversión de los templos en cuarteles. Se alentó así, como reacción, la revuelta de los católicos conservadores, que alcanzaría una considerable amplitud en la guerra de los cristeros.

El largo proceso de luchas desembocó en la institucionalización de un Estado autoritario bajo la egida del PRI (Partido Revolucionario Institucional). Para Krauze, el resultado de tantos años de enfrentamiento fue una «monarquía con ropajes republicanos», en la que un presidente con inmensas atribuciones no podía ser reelegido pero sí imponer a su sucesor. Tal construcción autoritaria, según Krauze, no se hallaba demasiado distante del pasado virreinal. El hecho decisivo, en su opinión, lo constituía el ejercicio personalista del poder, una lacra que persistía con cada cambio de régimen.

Mario Vargas Llosa, el célebre escritor peruano, dijo que el régimen priista era «la dictadura perfecta». Su opinión contrasta con la de Knight, que prefiere hablar de «Leviatán de papel»: el Estado surgido de la revolución, a su juicio, tuvo mucho menos poder del que aparentaba. Era un gigante con los pies de barro incapaz, en ocasiones, de imponer sus reformas como sucedió con la política fiscal del presidente Echeverría en los años setenta.

La discrepancia entre el novelista y el historiador demuestra la ambivalencia de un proceso sobre el que se han escrito miles de libros, pero aún presenta profundos interrogantes, sobre todo por su naturaleza contradictoria, a la vez autoritaria y subversiva. La revolución ha servido tanto para legitimar a la burocracia corrupta del PRI como para inspirar discursos insurgentes. Tenemos la mejor prueba en el alzamiento campesino de Chiapas, en 1994, que invocó la figura de Emiliano Zapata. La vigencia del caudillo de Morelos en el imaginario de la izquierda evidencia cómo las luchas campesinas de principios del siglo xx, lejos de ser un mero recuerdo, siguen aportando un punto de referencia para los movimientos populares.

1

México independiente

Para algunos, el origen de la Revolución mexicana se reduce a la vejez de Porfirio Díaz. A sus ochenta años, el dictador había perdido facultades, por lo que no pudo mantener el país bajo su control. Naturalmente, esta teoría peca de un simplismo extremo porque las consecuencias son demasiado desproporcionadas para las causas. Sin negar la importancia de la senectud del dictador y de la crisis sucesoria, entender la revolución supone tener en cuenta las contradicciones acumuladas en el siglo transcurrido desde la independencia de España: por un lado, aspiraciones de justicia y democracia; por otro, la realidad de un sistema autoritario que mantiene una desigualdad insoportable. En palabras de Héctor Aguilar Camín y Lorenzo Meyer, la sociedad que presencia el estallido insurreccional de 1910 no es sino una «hija contrahecha del proyecto liberal». Vayamos, pues, a diseccionar la conflictiva configuración del Estado republicano, sometido a la tensión permanente entre la tradición y la modernidad.

La independencia

Cuando constituía el virreinato de la Nueva España, México era el territorio más rico de la América hispana. Pese a los elevados impuestos y la prohibición de comerciar con el extranjero, el crecimiento de su economía había sido considerable. Esta tendencia, sin embargo, experimentó un freno considerable a principios del siglo xix. Las guerras con Inglaterra supusieron un duro golpe para el tráfico comercial con la metrópoli, a lo que había que añadir la crisis de subsistencia que azotó la región a partir de 1808. El encarecimiento de los productos básicos, como el maíz, golpeó duramente a las clases populares.

Según la historia tradicional, la independencia mexicana arranca en 16 de septiembre de 1810 con el Grito de Dolores, el pueblo donde era sacerdote Miguel Hidalgo, el cura ilustrado que encabezó una rebelión campesina al grito de muerte a los gachupines, es decir, a los españoles y al mal gobierno. A Hidalgo se le apreciaba por su preparación teológica, pero sus feligreses criticaban lo licencioso de sus costumbres: le gustaba el juego, trataba a las mujeres con demasiada libertad. Se decía, también, que bordeaba a la herejía. ¿Acaso no había negado la existencia del Infierno? Por todo ello, la Inquisición le tuvo en su punto de mira, aunque las denuncias no llegaron a concretarse. Hidalgo tenía muy buenos amigos entre las autoridades eclesiásticas.

La crisis económica le había golpeado duramente, al colocarle al borde de la ruina. Su hermano

Manuel, acorralado por los problemas financieros, perdió la razón y no tardó en morir. Estas trágicas circunstancias personales le predispusieron en contra del gobierno colonial, en el que veía la fuente de la opresión que había sufrido México durante trescientos años. Sin embargo, en el momento de rebelarse, sus partidarios daban vítores al rey Fernando VII. ¡Extraña manera de empezar un movimiento de liberación nacional! La posibilidad de que la Corona y la libertad resultaran incompatibles no se tenía en cuenta...

En esos momentos, el monarca estaba prisionero en Valençay. Dos años antes, Napoleón había invadido España y depuesto a los Borbones. El vacío de poder iba a tener en los territorios americanos del Imperio profundas consecuencias. Muchos consideraron que, en ausencia de Fernando, la soberanía volvería al pueblo, por lo que era el momento de que los ayuntamientos tomaran sus propias decisiones. Para los autonomistas, lo normal era la creación de una Junta al estilo de las que se habían creado en la península para oponerse a los franceses. ¿Acaso no era México un reino más de la monarquía, equiparable en todo a los de la España europea? Los absolutistas rechazaban tajantemente esa pretensión. Dentro de su visión del mundo, América se limitaba a procurar a la metrópoli remesas de plata y un mercado para sus productos.

Los motivos de descontento tenían que ver con la pugna entre criollos y peninsulares, pero la frontera entre ambos sectores no era la única que separaba a los mexicanos. Más profundo era el antagonismo racial entre blancos e indígenas. Hidalgo conocía bien a estos últimos: hablaba su lengua y se había dedicado a enseñarles artes y oficios. Por eso no tuvo problemas a la hora de conseguir que le siguieran. Una masa de campesinos y artesanos, con un armamento muy rudimentario, palos e instrumentos de labranza en su mayoría, se preparó para la lucha. La multitud confiaba en la protección de su patrona, la Virgen de Guadalupe, símbolo de la mexicanidad, frente a la amenaza de los franceses, encarnación de los principios revolucionarios.

En la práctica, el movimiento adquirió un contenido antiespañol, sobre todo porque a los peninsulares se les suponía afrancesados y, por tanto, enemigos de la fe. Un lugarteniente de Hidalgo, Juan Aldama, lo explicó con claridad al decir que los suyos luchaban «por una santa libertad, que no libertad francesa contra la religión». Se trataba, pues, de ensayar un camino hacia la modernidad que no implicara, igual que en Francia, una ruptura con la Iglesia católica. No en vano, el bajo clero se hallaba comprometido con la insurrección, tal como apunta Brian Hamnett: «Los párrocos locales, más como individuos que como grupo, contribuyeron sustancialmente a la legitimación de la rebelión en un momento de dislocación económica y social, y le proporcionaron liderazgo». Según una estimación, cerca de un párroco de cada doce respaldó a los sublevados.

La burguesía criolla, mientras tanto, no pensaba aún a la independencia. No podía hacerlo porque necesitaba a la metrópoli para que la protegiera de los sectores subalternos, sobre todo de los indios y los esclavos, que en cualquier momento podían rebelarse a sangre y fuego. Por ello, su aspiración no era la ruptura con Madrid sino la autonomía, para aumentar así su control de la economía y del aparato administrativo. Esto último significaba facilitar que sus miembros ocuparan los cargos públicos en lugar de los peninsulares.

Hidalgo, en un primer momento, consiguió diversas victorias y fue proclamado Generalísimo

El cura Hidalgo (1753–1811), héroe de la independencia mexicana, con un estandarte de la Virgen de Guadalupe.

de las Américas. Amenazó seriamente a Ciudad de México, pero ordenó la retirada sin que se conozca a ciencia cierta el motivo. ¿Falta de apoyo de los indígenas? ¿Temió, quizá, que lo rodeara el ejército del virrey? Tal vez influyera en su ánimo la deserción de buena parte de sus tropas. Quedaba claro así que una victoria inmediata era imposible.

La insurgencia adquirió el aspecto de una profunda revolución social, con reformas radicales como la abolición de la esclavitud y la supresión del tributo indígena. Se garantizó a los indios, además, que sólo ellos podrían cultivar las tierras comunales.

El movimiento insurreccional, por desgracia, tenía un lado oscuro, el de los saqueos y las muertes. La masacre de Guanajuato se convirtió en el símbolo de lo que parecía, más que una guerra de liberación nacional, un conflicto racial contra la clase blanca y propietaria. Ante los desórdenes, un importante sector de criollos rehusó adherirse a los rebeldes y vio en el apoyo a la Corona la única forma de protegerse contra el baño de sangre. Era una opción pragmática, no ideológica, de gente que en realidad deseaban el autogobierno. Un general realista, Calleja, observó lúcidamente que si los rebeldes hubieran explotado este sentimiento, habrían conseguido la independencia sin que nadie hubiera podido evitarlo. Se produjo así la paradoja de que los primeros patriotas, en lugar de acelerar la libertad nacional, sólo consiguieran retrasarla.

La revuelta había escapado del control de Hidalgo, al que le faltaba visión política pero sobre todo, talento militar. Su torpeza estratégica provocaría finalmente el desastre: en la batalla de Puente Calderón, apenas cinco mil realistas, pocos pero disciplinados, se bastaron para aplastar a cerca de noventa mil adversarios. Hidalgo, capturado mientras huía, acabaría ante un pelotón de fusilamiento.

Al año siguiente, 1812, la proclamación de la Constitución de Cádiz introdujo un régimen liberal. En México, como en el resto de la América española, las novedades de las Cortes de la capital andaluza se seguían con expectación. Varios diputados novohispanos habían partido hacia la península, como Miguel Guridi, José Miguel Ramos Arizpe o José Miguel Gordoa, entre los liberales; y Antonio Joaquín Pérez y José Cayetano de Foncerrada, entre los absolutistas.

Los criollos, por desgracia, no vieron reconocida su plena igualdad con los peninsulares. El nuevo sistema les otorgaba una representación política parlamentaria por debajo de su peso demográfico. En España se podía afirmar que el país se componía de la reunión de los españoles de ambos hemisferios, pero otro asunto era sacar todas las consecuencias de este artículo de la Carta Magna. La oligarquía de Cádiz, decidida a conservar sus ventajas comerciales, puso todos los obstáculos a la equiparación entre las tierras de ambos lados del Atlántico.

En México, el lugar de Hidalgo había sido ocupado por otro patriota legendario, también sacerdote pero esta vez con talento estratégico, que le permitió sacar más provecho de un ejército menos numeroso. Se llamaba José María Morelos. Sus conquistas se sucedieron: Chilpancingo, Tixtla, Chilapa… En la primera de estas localidades, inauguró un congreso en 1813 en el que proclamó la libertad de América y la soberanía popular. Una nueva Constitución, inspirada en la de Cádiz, se promulgó en Apatzingán.

Morelos, que había adoptado el título de Siervo de la Nación, abolió las diferencias raciales y la esclavitud, mientras introducía un impuesto sobre la renta. También se manifestó a favor de repartir tierras confiscadas a los ricos entre los trabajadores. Sin embargo, cura a fin de cuentas, no cuestionó los privilegios de la Iglesia ni su derecho a cobrar diezmos. Su moderación en este punto buscaba atraer a su causa a los criollos, objetivo que se saldó con un fracaso completo. Tampoco le fue posible continuar con su cadena de victorias, vista la efectividad de las tropas realistas, constituidas, en su mayor parte, por mexicanos, criollos o mestizos. Apresado, fue condenado a muerte.

Aunque parecía que la causa patriota se había hundido definitivamente, la metrópoli no recuperó plenamente su antigua autoridad. En 1820, el inicio en España del Trienio Liberal supuso la oportunidad definitiva para la proclamación de un México independiente. Para empezar, porque los nuevos aires de libertad implicaron la excarcelación de muchos patriotas y la aparición de nuevas publicaciones subversivas. Se ha señalado que un sector de los españoles apostó por la secesión, ante el peligro de que la Constitución de Cádiz les despojara de sus privilegios. La Iglesia, por ejemplo, temía que el radicalismo anticlerical de los liberales peninsulares supusiera una limitación a sus prerrogativas. El historiador Timothy Anna, sin embargo, apuntó una tesis distinta: la independencia no fue un movimiento contrarrevolucionario porque los mexicanos respaldaban en su mayoría el régimen constitucional. El problema era otro: los constantes vaivenes políticos de la metrópoli, escindida entre absolutistas y liberales. En este contexto inestable, si algunos españoles apostaron por la secesión, fue porque no veían otra manera de garantizar la vigencia de las disposiciones constitucionales. Según Anna, eran moderados si se les comparaba con revolucionarios como Hidalgo y Morelos, pero eso no significa que fueran ultraconservadores. Por su parte, Brian Hamnett señala que la miopía de los liberales de la península, al propugnar para el imperio una solución unitaria, arrojó en brazos del separatismo a muchos que hubieran preferido para México un marco autonómico en lugar de la ruptura con la metrópoli. La independencia, para ellos, se convirtió en el único camino para intentar recuperar el esplendor del antiguo virreinato. Se dio así la paradoja de que acabaran haciendo causa común con unos revolucionarios que también se enfrentaban a España, sólo que en nombre de un proyecto de igualdad social que les resultaba completamente ajeno.

Estos independentistas de nuevo cuño se agruparon bajo el liderazgo de Agustín de Iturbide, un militar que se había distinguido en la lucha contra los rebeldes, en las que había ganado una batalla tras otra aunque al precio de una extraordinaria crueldad. Ahora, resentido porque no encontraba en la Corte el reconocimiento que creía merecer, veía la oportunidad de cambiar de bando. A través del Plan de Iguala, propugnó convertir México en una monarquía católica bajo un monarca borbónico. La idea garantizaría tres aspectos fundamentales: el predominio del catolicismo, la independencia política y la unión entre españoles y americanos. Las propiedades quedarían aseguradas y se confirmaría en sus cargos a los funcionarios gubernamentales que apoyaran el plan.

Surgió entonces la bandera que, con pequeños cambios, es todavía hoy la enseña mexicana: el blanco simboliza la pureza del catolicismo, el verde la independencia y el rojo la herencia española. El conocido como último virrey, O'Donoju, cuyo título auténtico era el de Capitán General, no pudo hacer nada salvo reconocer el carácter irreversible de los acontecimientos.

La torpeza del gobierno español no conocía límites. En una situación evidente de debilidad, lo razonable hubiera sido aprovechar la ocasión para

Iturbide, emperador de México con el nombre de Agustín I,
al frente de sus tropas.

instaurar en la antigua colonia a un hermano de Fernando VII, pero el rey se negó a la menor transacción. Abrió así el camino para que Iturbide se proclamara emperador, con el nombre de Agustín I, durante un breve período que acabó con su exilio y, más tarde, cuando intentó recuperar el trono, con su muerte. Un encumbramiento tan rápido provocó demasiados rechazos: la nobleza prefería un príncipe europeo, los generales no acataban a uno de sus pares y los republicanos, lógicamente, se oponían a la monarquía en sí. Un periódico de esta última tendencia, *El Sol*, afirmó que era un error político considerar al emperador un libertador de la patria. Nada le debía el pueblo. A Simón Bolívar, en cambio, le parecía que el vencido monarca había sufrido la ingratitud de sus compatriotas.

Desde entonces, el fiasco de su régimen convirtió a Iturbide en un personaje mal visto en México, aunque lo cierto es que su importancia histórica resultó decisiva. Como bien dice Timothy Anna, él hizo posible la independencia gracias a su liderazgo y al Plan de Iguala.

Una república débil

Consumada la separación de la metrópoli, el nuevo Estado mexicano nacía debilitado por largos años de lucha. El precio de la guerra había sido muy alto: unas seiscientas mil víctimas, es decir, alrededor del diez por ciento de la población. Los gobernantes se enfrentaban ahora al difícil reto de controlar un vasto territorio, en el que debía reimplantarse el cobro regular de impuestos. Había que reactivar una economía hundida y desorganizada, con el desplome de la producción agrícola y minera en medio de la destrucción de infraestructuras y la pérdida de capital humano.

México tenía que hacer frente a importantes desafíos, tanto de reconstrucción como de defensa frente al expansionismo de Estados Unidos y las amenazas de reconquista española. Todos estos objetivos requerían dinero, justo de lo que más carecía el Estado. El recurso a los préstamos extranjeros, más que una solución, supuso un nuevo problema al crear endeudamiento y, por tanto, dependencia. Los créditos resultaban muy onerosos al llevar aparejadas fuertes comisiones. De los 32 millones de pesos solicitados a dos firmas londinenses, entre 1824 y 1825, el país sólo vio 17,6 millones. En años sucesivos, la deuda no haría más que dispararse, obligando a los gobernantes a recurrir a soluciones de urgencia desastrosas a largo plazo: a cambio de dinero inmediato, se entregaba a los comerciantes los futuros ingresos de las aduanas.

La antigua aristocracia colonial, pese a todo, permanecía como dueña del poder. La Iglesia católica conservó, igualmente, su situación privilegiada. Lo realmente novedoso fue el protagonismo del ejército: había hecho posible la instauración de la república y se había convertido en el árbitro de la misma. En el futuro se sucederían los cuartelazos, un procedimiento casi institucionalizado para intentar la alternancia de poder. Mientras tanto, la gran parte de los mexicanos sufrían condiciones de explotación. La mayoría era más pobre al descender el ingreso per cápita de cuarenta pesos en 1810 a treinta en 1821.

La desigualdad económica, unida a la de carácter racial y regional, se convirtió en un obstáculo para la articulación de una conciencia nacional sólida. Un amplio sector de la población, desconocedor del castellano, se sentía maltratado por los gobernantes blancos. «Nos hemos convertido en los gachupines de los indios», dirá el escritor Guillermo Prieto, pera significar que los mexicanos ejercían la misma opresión respecto a los pueblos originarios que los españoles respecto a los mexicanos. Por eso, no es de extrañar que los indígenas no sintieran la patria mexicana como suya e incluso añoraran el antiguo orden. El diplomático estadounidense Joel Poinsett anotó este preocupante sentimiento de desapego: «Suspira el indio deseando el retorno del virrey que le aseguraría garantías personales y contribuciones moderadas».

Por otra parte, hay que tener en cuenta que una quinta parte de los habitantes pertenecía a una de las múltiples mezclas entre blancos, indios, negros, mulatos y mestizos.

Se había proclamado la república y se había hecho dentro de un consenso, pero no existía un proyecto de nación compartido. De ahí los continuos vaivenes de las luchas civiles entre liberales y conservadores. México era libre, pero se veía sometido a la anarquía. Por ello, el período inicial de la independencia, según afirmaría Andrés Molina Enríquez en *Los grandes problemas nacionales*, muy bien podía denominarse «período de desintegración». Según la historiadora Virginia Guedea, «el país dio comienzo a su vida independiente sin haber resuelto los conflictos de intereses que se daban entre los distintos grupos, lo que incidiría negativamente en la consolidación del Estado nacional mexicano».

La burocracia, sin estabilidad laboral, alentaba los cambios de gobierno con la esperanza de cobrar los sueldos atrasados. Mientras tanto, existía un serio peligro de que el país implosionara: Oaxaca, Yucatán, Zacatecas y Guadalajara se declararon estados libres y soberanos. Para evitar el proceso disgregador no hubo más remedio que aceptar un sistema federal. Así, el 31 de enero de 1824 nacieron los Estados Unidos Mexicanos, una república que, según la constitución proclamada meses después, se dividía en diecinueve estados, cuatro territorios y un Distrito Federal. El gobierno central, sin capacidad para imponer impuestos a la población, dependía de las contribuciones financieras de los estados y del rendimiento de las aduanas. De ahí que su liquidez acostumbrara a encontrarse bajo mínimos.

Quien sí logró separarse de forma permanente fue Centroamérica. También Texas, donde poco a poco se habían ido infiltrando numerosos colonos anglosajones. En teoría, debían ser católicos y no introducir esclavos, pero, por falta de vigilancia, estos requisitos no se cumplían. Cuando se produjo en México la abolición de la esclavitud, Texas quedó como un caso aparte, pero la excepción no fue suficiente para evitar las tensiones con los colonos, que necesitaban a la población negra en el cultivo del algodón.

Los angloamericanos no tardaron en disfrutar de un predominio numérico abrumador: diez por cada mexicano. Esta ventaja les permitió imponerse en una breve guerra contra las tropas del incompetente general Santa Anna, quien se imaginó que todo se reducía a una simple expedición de castigo. Al iniciarla alardeó de que pensaba tomar Washington si Estados Unidos ayudaba a los rebeldes, pero, tras conquistar El Álamo, sufrió una humillante derrota y fue capturado en San Jacinto, tras el descuido de dar descanso a sus hombres sin molestarse en colocar vigilancia. A cambio de su libertad, Santa Anna reconoció la independencia de Texas y se comprometió a no iniciar nuevas hostilidades.

La escasa fortaleza del Estado mexicano quedó de nuevo en evidencia durante la desastrosa guerra de 1846–1848, después de que su poderoso vecino del norte admitiera a Texas como miembro de la Unión. Entre ambos contendientes existía una brutal disparidad de medios demográficos, económicos y militares: unos veinte millones de estadounidenses contra apenas siete millones de mexicanos. Los primeros contaban con un ejército profesional, tropas de refresco y armamento moderno. Los segundos disponían de unas fuerzas armadas anticuadas, mal preparadas, dirigidas por ineptos que no habían ganado los ascensos por sus méritos profesionales, sino por su intervención en pronunciamientos. Con apenas treinta mil hombres, su capacidad para defender un inmenso territorio resultaba francamente escasa. Aun así, las cosas pudieron ser distintas si las profundas divisiones de la sociedad mexicana no hubieran minado su capacidad de resistencia. Es significativa, en este sentido, la traición de los cadetes de la Guardia Nacional que en pleno conflicto se pusieron a conspirar contra el gobierno, en respuesta a sus medidas anticlericales, en lugar de combatir al enemigo. No fueron, ni mucho menos, los únicos que priorizaron sus propios intereses a la lucha contra la invasión norteamericana. En Ciudad de México, los federalistas radicales aprovecharon para dar un golpe de Estado aunque el país se hallaba en mitad de una guerra. Esta inestabilidad política, lógicamente, hizo más difíciles los preparativos para la defensa. Entre otras razones, porque los poderes regionales realizaban sus preparativos sin tener en cuenta una perspectiva nacional de las operaciones.

Pese a su manifiesta inferioridad, México tardó en ser vencido dos años. «El resultado territorial de la guerra ha oscurecido el hecho de su larga duración teniendo en cuenta la debilidad mexicana», señala Brian Hamnett. Este historiador destaca un dato que se suele pasar por alto: Estados Unidos sufrió una tasa de mortalidad más alta que en cualquiera de los conflictos exteriores de su historia. Murieron 13.768 soldados de un total de 104.556.

Se acostumbra a repetir que la derrota supuso una catástrofe para la república latina, que perdió la mitad de su territorio, unos dos millones de kilómetros cuadrados correspondientes a los actuales estados de Texas, Nevada, Utah, Colorado, California, Nuevo México y Arizona. Esta conclusión, sin duda lógica, necesita algunos matices. Texas, como hemos visto, se había perdido *de facto* algunos años antes. En cuanto a Nuevo México y California, eran territorios muy extensos pero muy poco poblados. En esos momentos, además, aún no se sospechaba la verdadera amplitud de su riqueza natural. La pregunta acertada no sería el porqué de una derrota tan clamorosa, sino cómo fue posible que las pérdidas no fueran aún mayores.

En el lado de las barras y las estrellas, los imperialistas más radicales llegaron a proponer la anexión completa de los vencidos. No se alcanzó a tal extremo, quizá porque el norte de Estados Unidos no estaba dispuesto a seguir apoyando una aventura que creía sólo beneficiosa para el sur. Así, México evitó un mal aún mayor al conseguir la devolución de la Baja California y una indemnización de quince millones de dólares. Esta suma iba a permitir la adquisición de material militar con el que restablecer el orden en Yucatán, escenario de una revuelta maya de gran amplitud; en el centro del país, víctima del bandolerismo generalizado; y en el norte, donde las tribus indias realizaban continuas incursiones.

Tropas estadounidenses durante la ocupación de México
en la guerra de 1846-1848. Grabado de la época.

Disensiones internas

En los años siguientes prosiguió la inestabilidad política, en medio de mutuas acusaciones por el desastre frente a Estados Unidos. El general Santa Anna, de nuevo en el poder, se mostró tan autoritario e irresponsable como de costumbre. Aunque se había convertido en dictador vitalicio, bajo el título de Alteza Serenísima, en 1855 se vio obligado a renunciar. Los vencedores, del partido liberal, no mucho tiempo después, se vieron inmersos en la guerra de Reforma, un sangriento conflicto contra los conservadores. Encabezados por un presidente de sangre indígena, Benito Juárez, acabaron por imponerse. Estados Unidos les prestó su ayuda. A cambio, Juárez concedió a Washington, por medio del Tratado McLane-Ocampo, derechos de paso por los puertos del Pacífico y por el Istmo de Tehuantepec. ¿Se vendieron los liberales al enemigo nacional? ¿Frustraron, por el contrario, su expansionismo, al evitar la entrega de territorios? Hicieran lo que hicieran, el acuerdo no llegó a entrar en vigor porque no fue ratificado por el Congreso norteamericano.

Los liberales intentaron poner en práctica un proyecto modernizador, opuesto tanto a los intereses de la oligarquía como de la Iglesia. Aunque los religiosos vieron cómo la ley prohibía el diezmo, mucho tiempo después, en plena Revolución mexicana, John Reed recogía las quejas de los campesinos en sus crónicas: «¡Los curas engordan a costa nuestra!».

El combate contra la Iglesia era el medio para disminuir su poder, de forma que fuera posible atraer al país trabajadores europeos protestantes, gente más laboriosa que los indígenas, según los prejuicios de la época. La idea era crear una clase media agrícola que se conviertiera en el pilar de la democracia.

Lo que sucedió fue todo lo contrario. No fueron los pequeños propietarios quienes se beneficiaron con la eliminación de las propiedades comunales y la privatización de las tierras yermas, enormes extensiones sin dueño legal, sino los latifundistas, ahora en situación de incrementar sus dominios. De esta forma, una política dirigida, en teoría, a beneficiar al campesino, no consiguió otra cosa que incrementar los problemas. Los pocos agricultores que consiguieron hacerse con algunas fincas, a costa de muchos sacrificios, pasaron a ser un grupo aparte, mal visto por la masa de jornaleros que veía en ellos a los «riquitos». Surgió así un sector que acabó aliándose con los hacendados, aprovechándose tanto o más que ellos de las expropiaciones.

El presidente Juárez logró sacar adelante diversos cambios en sentido progresista, con especial atención al terreno educativo. Su labor se efectuó en condiciones muy difíciles, al tener que enfrentarse a la invasión de Napoleón III. Su ejército, apoyado por España y Gran Bretaña, ocupó el país en respuesta a la cancelación de la deuda externa, multiplicada en años anteriores por obra de gobiernos irresponsables. La coalición debía limitarse, en teoría, a este punto, pero pronto fue evidente que los franceses buscaban ir más allá. Se proponían destruir la república mexicana e instaurar un régimen imperial con Maximiliano de Habsburgo en el trono. Este imperio latino, según los designios de Napoleón, ayudaría a contener la expansión anglosajona. Disconformes, españoles e ingleses optaron por retirarse. Mientras tanto, algunos conservadores mexicanos vieron en la monarquía la solución a la anarquía endémica: un foráneo sabría mediar con equidad en las disputas nacionales.

El soberano, hermano del emperador de Austria, Francisco José, era un hombre bienintencionado, preocupado por el bienestar de sus súbditos. Lo demostró al impulsar una legislación progresista que reducía la jornada laboral a diez horas diarias, prohibía los castigos corporales y alentaba la educación. Respecto a los indígenas, reconoció a sus comunidades personalidad jurídica y exigió la devolución de las tierras que les habían arrebatado los particulares. Por ello, los beneficiarios le respondieron con una devoción absoluta. ¿Se había vuelto, acaso, socialista? Nada de eso. Su motivación, señala Enrique Krauze, tenía más que ver con «el viejo espíritu paternal de sus antepasados».

Mientras emprendía estos cambios, Maximiliano se dedicó a embellecer la capital, donde hizo construir el paseo del Imperio, más tarde bautizado como de la Reforma. Lamentablemente, lo que le sobraba en buenos deseos le faltaba en habilidad política. Su talante liberal le condujo a no abolir la tolerancia religiosa ni la nacionalización de los bienes del clero, tal como le pedían sus partidarios. En algunos puntos, fue más lejos que ningún gobernante mexicano anterior. Por ejemplo, al suprimir el peonaje por deudas, una especie de esclavitud que obligaba al trabajador a permanecer junto a su empleador. La idea era ganar el apoyo de los sectores populares, pero ello no fue posible. No podía serlo, porque la misma existencia del Imperio reposaba sobre un cúmulo de contrasentidos. ¿Qué espacio quedaba para un soberano liberal en un país que, antes de su llegada, tenía precisamente un gobierno de esa tendencia? ¿Cómo podía el emperador enaltecer a los héroes de la independencia mientras gobernaba gracias a un ejército extranjero?

Maximiliano deseaba sinceramente ser el emperador de todos los mexicanos, pero no parecía darse

MANET, Édouard. *La ejecución de Maximiliano* (1868).
Kunsthalle Mannheim, Alemania. El soldado de la derecha tiene
los rasgos de Napoleón III.

cuenta de que carecía de arraigo popular. Mientras él
soñaba con atraer a su campo incluso a Juárez, los progre-
sistas persistían en su hostilidad. A su vez, los conservadores daban la espalda a un régimen muy distinto del
que habían imaginado. Su error había sido mayúsculo
al elegir a un monarca austriaco de inclinaciones liberales cuando lo que convenía a sus intereses era un
soberano ultracatólico español.

La mayoría de la población había dejado aparca-
das sus diferencias políticas para unirse contra los invasores. No importaba qué tipo de política promoviera
el emperador, sino que fuera un extranjero impuesto

a punta de bayoneta. Maximiliano, para controlar el país, dependía totalmente de las tropas de ocupación extranjeras, mal vistas por su despotismo, financiadas con el dinero de México y obligadas a enfrentarse a las guerrillas. De ahí que tuvieran que ocupar algunas ciudades una y otra vez. Mientras tanto, el contexto internacional le era adverso. Finalizada su guerra civil, Estados Unidos protestó contra la intervención francesa, a la vez que financiaba con un préstamo a la oposición.

Cuando París decidió retirar sus tropas, más preocupado por los asuntos europeos, con una Alemania a punto de reunificarse, los días del Imperio estaban contados. Austria intentó enviar un refuerzo de cuatro mil soldados, pero Washington se opuso y no llegaron a embarcar. La emperatriz Carlota emprendió una gira por Europa en busca de apoyo, pero todo fue en vano. Aquel hubiera sido el momento idóneo para que Maximiliano abdicara, pero sus ministros, los mismos que más tarde le abandonarían, le convencieron de lo contrario. En realidad, su situación era desesperada. Carecía de recursos para frenar el avance imparable de las fuerzas de Juárez. Finalmente, fue apresado en Querétaro y condenado a la pena máxima. Antes de morir, expresó su deseo de que su sangre sirviera para poner fin a las desgracias de México. Había llegado el momento de que los liberales, victoriosos, reanudaran sus luchas intestinas.

UN PERSONAJE POLÉMICO

Si hubo un rey sin corona en el siglo XIX mexicano, ese fue el once veces presidente Antonio López de Santa Anna (1794-1876). Este general fue la encarnación del oportunismo, siempre dispuesto a pasar de un bando a otro a su conveniencia. Según Enrique Krauze, su vocación fue la «conspiración perpetua» más que el ejercicio del poder. Para los liberales, su figura equivalía al arquetipo de traidor. Era «el hombre fatal, el genio del mal». Los conservadores no eran tan duros con él, pero tampoco le tenían simpatía.

Tras iniciar su carrera militar con los realistas, Santa Anna se puso al servicio de Iturbide, al que no tardó en traicionar. Se cubrió de gloria al repeler el fallido intento de invasión español, en 1829, pero su actuación como estratega resultó nefasta en la guerra contra los independentistas texanos y en la contienda con Estados Unidos, en las que sufrió repetidas derrotas. Se convirtió así en el chivo expiatorio ideal de unos desastres de los que no era el único culpable.

2

El porfiriato

Tras la segunda guerra de independencia, México intentó continuar su desarrollo en un sentido liberal y aperturista. Juárez, en 1867, estableció la educación gratuita obligatoria. Por otra parte, procuró que los indígenas hallaran su lugar dentro de la nación. Su idea era castellanizarlos para que, de esta manera, se integraran en la cultura mexicana. A juzgar por las resistencias, no parece que los afectados estuvieran demasiado de acuerdo.

Decidido a estabilizar un país desgarrado por los conflictos intestinos, cuyos caminos se hallaban infestados de salteadores, muchos de ellos soldados desmovilizados, Juárez transigió con las clases privilegiadas. Ello le permitió evitar un golpe de Estado que le desalojara del poder, pero a costa de aparcar las necesidades campesinas. Su política fue muy tímida, por ejemplo, a la hora de impedir que los hijos heredaran las deudas de sus padres. En consecuencia, el descontento rural se disparó y estallaron diversos levantamientos, como el que protagonizó Agustina Gómez Checheb al encabezar un movimiento mesiánico entre los indios chamulas.

El presidente, de salud frágil, murió en el cargo el 18 de julio de 1872. La desaparición de un líder tan carismático resultó desastrosa: tras continuas discordias, el general Porfirio Díaz, pocos años después, dio un golpe de Estado y asumió la presidencia, aprovechando que sus compatriotas anhelaban una estabilidad política que permitiera, por fin, el progreso material del país. Díaz, antiguo héroe de la lucha contra los franceses, supo sintonizar con esta inquietud e impuso una larga dictadura aunque sin romper, formalmente, con las prácticas republicanas. Durante su mandato se celebraron elecciones, aunque falseadas sistemáticamente

El crecimiento económico, la cara de la moneda, convivió con el autoritarismo y las prácticas corruptas, la cruz. Tras la revolución, sin embargo, sólo se vería esta parte. El porfiriato, según la historia oficial, sería una especie de Edad Media, un agujero negro en la historia de México. En realidad, como señala François-Xavier Guerra, era ejemplo de un régimen común a varios países hispánicos en el último tercio del siglo XIX. En la España de la Restauración, sin ir más lejos, las élites practicaban con el mismo entusiasmo el falseamiento de la democracia, sólo que en lugar de efectuarse la reelección continuada del presidente había un turno entre conservadores y liberales, dos facciones sin auténtico arraigo popular. Cánovas del Castillo, igual que Porfirio Díaz, se había propuesto garantizar el orden y el progreso después de una etapa de anarquía. En Argentina, mientras tanto, la República Conservadora resultó ser igualmente represiva a la vez que protagonizaba una etapa de crecimiento económico.

«Poca política, mucha administración», era el lema promovido en México desde el poder. Según Javier Garciadiego, no en el sentido de que se hiciera poca política sino de que la política estuviera en manos de una élite muy reducida. Los actos que implicaban confrontación de pareceres, como las elecciones o los debates, debían restringirse todo lo posible. A juicio de Garciadiego, esta despolitización no encontró grandes resistencias sino, por el contrario, la aprobación y el respaldo mayoritario de la población.

EL TIEMPO DE LA PROSPERIDAD

En contraste con la violencia de tiempos pasados, la paz y la estabilidad permitió iniciar un proyecto modernizador, utilizado por el régimen para extraer su principal fuente de legitimidad. El historiador Luis González lo explicaba con un símil expresivo: el gobierno porfirista venía a ser una «buena ama de casa» que había introducido el orden y la eficacia en la vida nacional. Para otro especialista en México, Jean Meyer, lo que se implantó venía a ser una especie de despotismo ilustrado, bautizado con el nombre del príncipe, Porfirio.

Así, de 1876 a 1910, las exportaciones se multiplicaron por seis mientras la industria se mecanizaba y con el sector textil a la cabeza, conquistaba el mercado interior. El desarrollo, por desgracia, iba a ser profundamente desigual. Arcaísmo y modernidad coexistían en los modos de producción mientras grandes masas de población se veían excluidas de la riqueza. Además, el intenso crecimiento demográfico

El ferrocarril mexicano en tiempos de Porfirio Díaz.

hacía que el aumento de la riqueza nunca fuera suficiente. A lo largo del período, la población pasó de nueve a quince millones de habitantes.

Pese a todo, México seguía siendo un país profundamente rural: hacia 1910, casi tres cuartas partes de sus ciudadanos vivían aún del campo. La elevada tasa de analfabetismo, un 77 %, lastraba el desarrollo tecnológico. Pronto se vería que una agricultura atrasada no podía abastecer sin problemas las necesidades alimenticias de los habitantes en su conjunto.

Los desequilibrios y las desigualdades se agravaban, pero los números reflejaban un éxito creciente. El ministro de Hacienda, Limantour, renegoció la deuda externa, que pasó de consumir el 38 % de los ingresos ordinarios, a finales del siglo XIX, a sólo el 23,7% en vísperas de la revolución. Con el presupuesto, Limantour, alcanzó otro gran triunfo al presentar un superávit en el ejercicio de 1895–1896: cincuenta millones y medio de ingresos contra cuarenta millones de gastos. Durante el siguiente decenio, esa sería la tónica de las finanzas públicas.

El ferrocarril no dejó de crecer, al pasar de 5.852 kilómetros de vías en 1885 a 19.280 kilómetros en el fin del porfiriato. La modernización de los transportes trajo riqueza al facilitar la conexión de las haciendas con los mercados internacionales, de manera que se impulsó la exportación de productos como el azúcar. Otro efecto benéfico fue la reducción de las hambrunas, al existir medios para enviar alimentos a las zonas que sufrieran una crisis de subsistencia. Pero la revolución del tren llevaba aparejado también un aspecto inquietante al reforzar la eficacia del Estado para imponer su autoridad a lo largo de todo su territorio, sofocando las revueltas regionales. No en vano, el desplazamiento de tropas se vio facilitado de una manera extraordinaria, con un coste económico considerablemente más bajo. Antes, en cambio, las enormes distancias concedían a cualquier rebelde varias semanas para prepararse antes de la llegada del ejército federal. No obstante, lo cierto es que esta ventaja también tenía su reverso: las vías se levantaban y los puentes se dinamitaban. Según el escritor Vicente Blasco Ibáñez, durante los años de la Revolución mexicana, «hacer volar un tren con dinamita o destruir rápidamente una docena de kilómetros de rieles» adquirió la categoría de «arte nacional al alcance de todos».

Una democracia falseada

La prosperidad llegó, aunque al precio de eliminar las libertades con un grado de represión que no tenía precedentes en la historia mexicana. Es famoso, en este sentido, el telegrama que envió el dictador al gobernador de Veracruz, tras enterarse de la existencia de un grupo de conspiradores: «Mátalos en caliente».

La división de poderes brillaba por su ausencia, con un parlamento títere en el que los congresistas debían su escaño al jefe del Estado. Existían periódicos, pero se encarcelaba a sus directores si hacía falta y tan sólo se permitía una cierta disensión en publicaciones de circulación limitada. Sin que nadie le hiciera sombra, Porfirio Díaz cambió la ley para permitir su reelección y venció en cuantos comicios amañados fue necesario. Naturalmente, no faltaron plumas que justificaron el abuso de poder en nombre de supuestos intereses patrióticos. Díaz, de hecho, fue el centro de un auténtico culto a la personalidad. Enrique Krauze nos explica que en su honor «se componían himnos y partituras, se escribían biografías y poemas, se festejaba su cumpleaños [...]. Con su nombre se bautizaban ciudades, calles, mercados, edificios y niños».

En otras palabras: una propaganda invasiva procuraba conquistar las conciencias mientras las armas garantizaban el control de los cuerpos. Existía acuerdo en que México disfrutaba de algo estadísticamente muy raro, un dictador bueno, por lo que no era cuestión de enviarlo de vuelta a la vida privada. Si el pueblo deseaba prolongar su mandato, estaba en su derecho de hacerlo cuantas veces quisiera. Así, paradójicamente, se invocaba la soberanía nacional para mantener un sistema que era su negación, en el que un presidente-emperador disfrutaba de la autoridad suprema. Y se encargaba de fomentar en el desinterés de sus ciudadanos-súbditos por la cosa pública.

Con el poder en sus manos, Díaz podía fomentar el clientelismo, dedicándose a repartir prebendas entre amigos y enemigos a los que así compraba, mientras reprimía a los auténticos disidentes. En *Los grandes problemas nacionales*, Molina Enríquez describe descarnadamente el sistema de gobierno como una tupida red de amiguismo. El poder se medía por la mayor o menor distancia al jefe del Estado, quién se comprometía a satisfacer las solicitudes de sus partidarios siempre que fuera posible. En caso contrario, los peticionarios aceptaban resignarse en lugar de tirarse al monte y protagonizar una rebelión armada.

En general, Díaz prefería comprar a sus adversarios, pero no dudaba en recurrir al asesinato selectivo si lo juzgaba conveniente. Así, en 1889, hizo eliminar al antiguo gobernador de Jalisco, el general Ramón Corona, que se había vuelto demasiado peligroso.

Molina Enríquez resaltaba en términos elocuentes su uso de la violencia política: «Y cuando se ha tratado de castigar ha sido implacable. En sus manos ha tenido la muerte todas sus formas, la cárcel todas sus crueldades, el castigo material todos sus horrores, y el castigo moral, ya sea persecución, destitución, abandono, severidad, indiferencia, desprecio u olvido, ha tenido todos los matices del rigor».

La política de Díaz era muy clara: mantenerse por encima de las facciones mientras ejercía de árbitro supremo. En las provincias, impuso a sus propios caciques, tal como acostumbraban a hacer sus antecesores. Los nuevos sátrapas, igual que en el pasado, tendían a la independencia, pero esta vez el ferrocarril permitía atarlos más corto. No importaba su capacidad como gestores, sino únicamente su lealtad al dictador. Si se limitaban a reprimir los conatos revolucionarios y mantener los caminos libres de salteadores, su jefe les dejaba hacer a sus anchas.

LOS CIENTÍFICOS

Como los nombramientos políticos se efectuaban a dedo, no existían canales para que se efectuara un relevo generacional dentro de las estructuras del Estado. Pero, al menos, así se terminaba con la clásica inestabilidad de los ministerios. Bajo el porfiriato era norma que los miembros del gabinete, igual que los gobernadores regionales, permanecieran en el cargo por largos años.

Díaz se apoyó en dos grupos de poder. Uno era el de los científicos, llamados así sarcásticamente por su pretensión de gobernar de acuerdo a los criterios de la ciencia. El otro, el de los reyistas, tomaba su nombre de su máximo dirigente, Bernardo Reyes, gobernador de Nuevo León, más tarde ministro de la guerra.

Porfirio Díaz, presidente de México, de autor desconocido. El lienzo se encuentra en el museo del templo de Santo Domingo de Guzmán, Oaxaca de Juárez.

Los primeros, un grupo de tecnócratas, provenían de las clases medias urbanas, aunque el ejercicio del poder acabó asimilándolos en algunos casos con la oligarquía. Apenas cincuenta personas, cien como mucho, llevaron a cabo una política modernizadora que implicó suprimir las aduanas interiores, racionalizar el sistema tributario o impulsar la enseñanza pública. Sin embargo, su altanería y su autoritarismo concitó el odio generalizado de sus enemigos, hasta el punto de que científico se convirtió en sinónimo de enemigo del pueblo. Personificaban, más que nadie, el mal. Según diría uno de ellos, Francisco Bulnes, se les tenía por más criminales que los traidores, los parricidas o los asesinos de niños. Sus contrarios, con ánimo denigratorio, les llamarían cientísicos.

¿Dónde acaba la realidad y empieza el mito? Para Jean Meyer, la imagen de los científicos como corruptos y vendidos al extranjero fue obra de los reyistas. Se trataría, pues, de pura propaganda. ¿Vendepatrias? Meyer aporta un dato en sentido contrario: la mayoría de los contratos leoninos que beneficiaban a los foráneos se firmó entre 1876 y 1893, es decir, antes de que los científicos llegaran al poder.

No obstante, la revolución, según sus artífices, se justificará como una reacción contra las desmesuras de estos seres malignos. Curiosamente, suscitaban un aborrecimiento mayor que el inspirado por el propio Porfirio Díaz. Ello tiene una explicación: algunos revolucionarios no deseaban cargar las tintas contra el dictador porque habían ocupado cargos bajo su régimen. Les interesaba, en cambio, dirigir el resentimiento popular contra una casta de gobernantes escandalosamente corruptos. Hubo casos, ciertamente, que se ajustan a esta idea, pero nada parece avalar que lo fueran más que otros miembros de la élite gobernante. La realidad objetiva era una cosa y otra el imaginario construido por los disidentes del porfiriato.

¿Se trataba, quizá, de una animadversión de clase, dirigida por los pobres contra los ricos? Lo cierto es que no está clara la adscripción social de los miembros de este grupo dirigente. «Científico», en la práctica, era el nombre que se daba al enemigo con la intención de estigmatizarlo, a manera de veredicto inapelable, de forma que nadie tuviera que molestarse en considerar sus argumentos. Así, para los zapatistas, «científicos», son los latifundistas de Morelos. Para otros, en cambio, son los intermediarios nacionales de las empresas foráneas. Los propios interesados, sin embargo, no se veían a sí mismos como un partido. José Yves Limantour negó que integraran un colectivo homogéneo y políticamente activo. Algunos de sus colegas, caso de Francisco Bulnes y Agustín Aragón, coincidían en negar la existencia de un grupo organizado para ejercer el poder. Si algo constituían, era una aristocracia intelectual. No es que fueran ladrones, sino que su excelente preparación profesional les hacía destacar de forma natural en sus oficios.

El dictador les brindó su apoyo, hasta que empezó a temer que su excesivo poder pudiera llegar, un día, a materializarse en políticas autónomas, ajenas a sus directrices. No en vano, los científicos, aunque no tenían ningún inconveniente en aceptar la figura del dictador benéfico, no creían que debiera sucederle otro militar, en referencia a Bernardo Reyes, su gran enemigo. Bulnes, por ejemplo, proponía que un Estado de derecho tomara el relevo de su gobierno personalista. Justo Sierra, por su parte, propugnaba la libertad de prensa.

Luis González y González refleja en un comentario agudo la relación asimétrica entre los tecnócratas y el presidente: «Ellos no podrán aprovecharse de

Díaz, pero éste sí de ellos». Para el mandatario, los científicos no pasan de ser unos cuantos niños fáciles de manejar.

Podían ser respetados como individuos, pero nunca en su conjunto. Según Claudio Lomnitz, el extendido rechazo contra los científicos tendría que ver, en realidad, con el antisemitismo paradójico de un país donde los judíos brillaban por su práctica ausencia, caso que dista de ser único. Nos encontramos, pues, ante una élite percibida como un enemigo incompatible con la nación, igual que el antisemitismo europeo percibía a las minorías hebreas como sectores peligrosos, de los que sólo se podía esperar una puñalada por la espalda. Para la derecha católica, no había duda de que los científicos integraban una minoría judaizante.

LA INVERSIÓN EXTRANJERA

Desde presupuestos nacionalistas, se asimilaba a los científicos con una élite cosmopolita y adinerada, a la que se atribuía actuar en contra de los intereses de la patria. ¿Acaso no admiraban a los Estados Unidos y se involucraban en los negocios de sus compañías? Las inversiones extranjeras impulsaron la prosperidad, aunque sus efectos políticos fueron ambivalentes. Con sus generosas concesiones, Díaz se atrajo la simpatía de los hombres de negocios norteamericanos. Neutralizó así un poderoso grupo de presión que reclamaba la intervención militar en México, aunque al precio de colocar al país en una situación demasiado expuesta al capitalismo yanqui. Para contrapesar la influencia de su poderoso vecino, México buscó atraer las inversiones europeas, más flexibles a la hora de hacer concesiones porque no disfrutaban de la misma posición de fuerza que los estadounidenses. Por ello, gente como los británicos estaba dispuesta a aceptar socios mexicanos en sus compañías.

Se produjo así una paradoja que anotó el embajador alemán: la dependencia económica se concebía como una garantía de la independencia política. Se suponía que las potencias del viejo continente, para proteger sus intereses, no permitirían que Washington fuera demasiado lejos en su ánimo imperialista. La Casa Blanca, como era de esperar, reaccionó con hostilidad a las veleidades de independencia. No obstante, pese a los peligros, el hecho de que el Estado mexicano se viera progresivamente fortalecido contribuía a reducir la inquietud.

La presencia del capital extranjero acabó siendo avasalladora. De apenas 110 millones de pesos en 1884, pasó a 3.400 millones en vísperas de la revolución. En los ferrocarriles, poco más del cuarenta por ciento del capital era estadounidense y británico en un treinta y cinco por ciento. En otros sectores, como la industria y la minería, sucedía más o menos lo mismo. ¿Cómo habría podido ser de otra forma si el Estado mexicano manejaba unos recursos demasiado exiguos? Los inversionistas locales, por su parte, no se atrevían a patrocinar con su dinero empresas arriesgadas.

Se generó así un miedo con raíces nacionalistas, al extenderse la sensación de que la república podía ser conquistada por medios pacíficos. Se decía que los extranjeros se apoderaban de todo, de los principales bancos, de la luz eléctrica, de cualquier cosa que significara progreso. Todo con la complicidad del gobierno, que no reparaba en poner a la venta el país por un plato de lentejas. ¿No se habían concedido grandes facilidades a magnates como los Rockefeller o los Guggenheim? Otros, sin embargo, no veían ningún problema en utilizar el capital foráneo con vistas a promover el desarrollo local.

Malestar social

La ola de riqueza, por desgracia, no fue suficiente para acabar con los graves problemas sociales. La expansión de la industria había generado una burguesía y un proletariado con nuevas necesidades. Los obreros sufrían unas condiciones laborales precarias, con largas jornadas de trabajo, incluyendo los domingos, y bajos salarios. A la burguesía, esta le parecía la única manera de que llevaran vidas austeras, sin caer en los vicios del sexo y la bebida. Los trabajadores, lógicamente, veían la situación de muy distinta manera, pero al principio no protestaron demasiado. Padecían un ritmo de vida muy duro, pero mejor que el acostumbrado en el entorno rural del que procedían. Más tarde, constituyeron sociedades de socorro mutuo y sindicatos, con lo que empezaron a extenderse las huelgas. Algunas tan sonadas como la de los tejedores de Puebla, alrededor de treinta mil personas, en 1900. El contacto con extranjeros también resultó crucial, porque los obreros observaban que ganaban más que ellos por hacer el mismo trabajo. A su vez, los que emigraban temporalmente a Estados Unidos comprobaban que los norteamericanos gozaban de un nivel de vida más alto, al tiempo que se empapaban de ideologías radicales como el anarquismo.

Por desgracia, la clandestinidad era la única manera de que pudiera escucharse la voz de las clases emergentes: la dictadura de Porfirio Díaz, al impedir el libre funcionamiento asociativo, impedía canalizar la solución de los problemas por una vía institucional.

El *Valle de México*, por José María Velasco, 1885. El paisajismo experimentó un gran desarrollo bajo el porfiriato.

Mientras tanto, las comunidades campesinas se enfrentaban a graves amenazas. A mediados del siglo XIX, los liberales habían impulsado una política desamortizadora dirigida, en teoría, a favorecer la pequeña propiedad, pero el resultado fue un desastre. Las tierras de la Iglesia acabaron en manos de los latifundistas, que vieron incrementado así su poder. Las de los municipios, de uso comunal, se privatizaron más lentamente ante la resistencia de los desposeídos, que plantaron cara a la oligarquía con organización y espíritu combativo. Con todo, el proceso resultaba imparable. Si en el momento de la independencia, un cuarenta por ciento de las tierras cultivadas en el centro y en el sur de México pertenecían a las comunidades rurales, en 1911, tras el final del porfiriato, este porcentaje se había reducido a un escaso cinco por ciento.

Se llega así a una situación en la que apenas el tres por ciento de las propiedades cubre una extensión mayor que todo el resto. Un millar de personas concentra en sus manos el sesenta y cinco por ciento de la superficie cultivable, en la que trabajan unos tres millones de peones.

Ante la extensión del ferrocarril, la tierra se revalorizaba y era objeto de disputa entre sus poseedores tradicionales y los terratenientes. Si antes las cosechas se vendían en el mercado local, ahora se enviaban a los mercados internacionales. Los productos básicos, como el maíz y el frijol, dejaban paso al azúcar, el café o el algodón. Este proceso alentó la concentración de la propiedad, con lo que muchos campesinos quedaron reducidos a la condición de jornaleros. Al principio, este cambio no resultó del todo traumático. Hasta 1900, los salarios crecieron. Después, en cambio, sufrieron una caída de casi el veinte por ciento por la abundancia de mano de obra, con el agravante de que los productos de primera necesidad experimentaban un alza sostenida. La precariedad se convirtió entonces en un problema cada vez más acuciante para la mayoría de los mexicanos.

La cuestión agraria, por tanto, constituía el principal foco de conflictividad. Su problemática tenía que ver con la desigual distribución de la tierra, pero concernía también a la organización política del mundo rural porque la autonomía de los municipios se veía socavada por la presión del gobierno central. Tocaba a su fin la etapa en que los pueblos nombraban con libertad a sus propias autoridades, responsables de aspectos tan importantes como el acceso al agua y a los pastos.

Entre 1876 y 1886, las sublevaciones se extendieron por todo México, aunque sin rebasar el ámbito local, de forma que las protestas quedaron condenadas al aislamiento. La creación del Comité Central Comunero, en 1877, supuso un intento de superar esta limitación, pero este organismo, a la hora de la verdad, fue capaz de promover muy pocas reivindicaciones a nivel de todo el Estado.

Las rebeliones reflejaban un descontento económico pero también identitario, ya que estaba en juego una forma de vida tradicional y la autonomía secular de los involucrados. Los pueblos indígenas, al contrario de lo que había sucedido en otros países, habían sobrevivido y conservaban su fuerza. No estaban dispuestos a aceptar de buen grado la política del gobierno central, destinada a imponerles la lengua y las costumbres de los blancos, con vistas a fabricar una nación culturalmente más homogénea. Desde la óptica de la élite blanca, el hecho de que los indios vistieran a su manera, por ejemplo, contribuía a dañar la imagen del país. De ahí que diversos proyectos plantearan blanquear la población a través de la inmigración europea, a la que se suponía mucho más apta para el trabajo y, por consiguiente, un factor de progreso. Había quien no tenía reparo en asegurar que cien mil recién llegados del viejo continente valían más que medio millón de indios mexicanos.

De todas formas, la situación de los indígenas presentaba importantes variaciones regionales. En unas zonas, el expolio de sus propiedades les condujo hacia la sublevación. En Yucatán, por ejemplo, la guerra contra los mayas, que se arrastraba desde 1847, adquirió especial gravedad. Los yaquis de Sonora, por su parte, también empuñaron las armas. La represión, en estos casos, acostumbró a ser despiadada: ni siquiera las mujeres y los niños se libraron de la muerte y la deportación. Se calcula que entre un cuarto y la mitad de la población yaqui fue enviada lejos de Sonora, a las plantaciones de henequén de Yucatán. Según la propaganda del régimen, no eran más que enemigos del progreso.

En otros territorios, Porfirio Díaz contuvo la expropiación de los bienes agrarios y se avino a respetar la autonomía política de las comunidades. En cierta ocasión afirmó que sólo se alcanzaría la tranquilidad cuando cada indio se dedicara, con su yunta de bueyes, a labrar la tierra.

Mientras tanto, el crecimiento desmedido de las haciendas levantó voces de alarma. Wistano Luis Orozco, en 1895, publicó *Legislación y jurisprudencia sobre terrenos baldíos*, donde advertía de un grave peligro: «Las grandes acumulaciones de tierra bajo una sola mano causan la ruina y la degradación de los pueblos». En cambio, el buen reparto de la propiedad contribuía a impulsar el bienestar del pueblo. En la línea de Orozco, el Partido Liberal Mexicano se pronunció a favor de devolver la tierra a los que habían sido despojados de ella. Se trataba de atacar la raíz del gran problema nacional, el latifundio.

Este contexto hizo posible que la revolución política y la social fueran de la mano, al permitir la alianza entre burgueses y campesinos. Así, en 1906, el movimiento liberal impulsó un alzamiento en la sierra de Soteapan, del Estado de Veracruz, en la que se involucraron los indios popolucas, víctimas de la familia de Manuel Romero, suegro y ministro de Porfirio Díaz, que pocos años antes los había despojado de sus tierras. El uso comunal de las mismas, compartido con los nahuas, era el punto principal del programa de los rebeldes, pero las fincas habían subido de valor al extenderse la explotación del petróleo. Por eso mismo, la élite blanca estaba más

Ricardo Flores Magón, líder anarquista mexicano.

que interesada en aprovechar las nuevas posibilidades de inversión que abría el oro negro. Una propiedad agraria, si se reconvertía, podía transformarse en el pasaporte a una riqueza insospechada.

El Partido Liberal Mexicano, con líderes como los hermanos Flores Magón, se había propuesto combatir contra el régimen con todos los medios a su alcance. Por ello constituía clubes secretos, destinados a difundir sus ideas tanto en los núcleos urbanos como en el entorno rural, procurando atraer a los indígenas. En el caso se Soteapan se produjo una insurrección armada a partir de una alianza entre la sierra y el mundo urbano, del que procedía el liderazgo político. Seguramente, los indios pensaron que tendrían más éxito si buscaban apoyo en el exterior de su comunidad, vista la facilidad del gobierno para sofocar los motines esporádicos y aislados que habían protagonizado en el pasado. La idea era forzar un cambio en la presidencia para, acto seguido, proceder a la restitución de las tierras usurpadas. No obstante, que el control de la revuelta estuviera en manos de jefes de la ciudad no significa que los indígenas obedecieran en todo automáticamente. Existían diferencias, por ejemplo, en la estrategia militar a seguir.

El exilio en Estados Unidos puso a los Flores Magón en contacto con el anarquismo, con lo que su discurso se orientó hacia una izquierda revolucionaria, defensora de la insurrección armada. Su público pasó así a encontrarse entre los trabajadores, no en la clase media liberal. El periódico del partido, *Regeneración*, entraba clandestinamente en México.

LA DESCOMPOSICIÓN DEL RÉGIMEN

El poder del Porfirio Díaz se había basado en el equilibrio entre los sectores afines. Como una especie de reina madre, él hacía de mediador y distribuía los cargos. Su estrategia consistía en tomar de científicos y de reyistas lo que más le interesaba para sus fines, mientras procuraba que ambos bandos se neutralizaran entre sí. Los científicos eran útiles por su talento como gestores de la economía y sus conexiones con banqueros y empresarios. Por eso mismo, uno de sus máximos representantes, Limantour, era ministro de Hacienda. Los reyistas, por su parte, aportaban su influencia en el ejército –Reyes dirigía el Ministerio de la Guerra– y su cercanía a las clases medias y obreras.

Sin embargo, en los últimos años del dictador, esta tendencia se modificó por la predilección del presidente a favor de los científicos, que acapararon poder regional y vieron cómo Limantour aparecía como el candidato con más posibilidades para la sucesión.

Los reyistas se vieron así postergados frente a unos adversarios sumidos en un profundo desprestigio, fruto del desgaste del poder y de su corrupción real o imaginaria. Bernardo Reyes, en cambio, se había convertido en un personaje muy popular gracias a sus buenas relaciones con la burguesía y el movimiento obrero, a los que atrajo con una legislación que a veces se ha interpretado como progresista, pero que en realidad tenía más que ver con un paternalismo al estilo de Bismarck, el mítico canciller germano.

Díaz, al perder su neutralidad en las pugnas de la élite por el poder, acababó por arrojar fuera del sistema al grupo que se sintió perjudicado. Las críticas de los reyistas contra los científicos demostraron que el porfirismo no era un bloque compacto y comenzaba a resquebrajarse.

En 1908, el dictador, en la entrevista que le hizo el periodista estadounidense James Creelman, declaró que el país estaba maduro para la democracia. A lo largo de su mandato, él había mantenido las formas republicanas pero distinguiendo cuidadosamente entre la teoría política y su aplicación práctica. Para que existiera una democracia fiable, el pueblo tenía que alcanzar un cierto grado de desarrollo. Ese momento, a su juicio, había llegado ya. Por fin podía producirse una alternancia en el gobierno sin el cataclismo de una revolución armada y sin perjuicio para la solidez financiera del Estado. En consecuencia, no pensaba presentarse a la reelección y permitiría que los comicios se celebraran en libertad, sin que eso fuera óbice para que permaneciera vigilante, siempre dispuesto para ayudar en lo que pudiera a su sucesor.

En México, estas afirmaciones suscitaron esperanzas y animaron el debate. ¡El dictador declaraba que vería «con gusto» la formación de un partido opositor! En realidad, como bien sabían sus colaboradores, se trataba de propaganda para el consumo exterior. Si algo iba a disputarse, no era la primera magistratura sino la vicepresidencia, un cargo que constituía el camino más seguro hacia el poder dada la avanzada edad de Porfirio Díaz.

Los partidarios de Reyes no tardaron en promover su candidatura a través de una activa campaña de agitación: fundación de clubes, publicación de libros, folletos y artículos de prensa, intervenciones parlamentarias... Tenían que demostrar que ellos constituían el mejor recambio frente a los científicos. Pero el dictador, temeroso de su creciente influencia, envió a su líder a Europa con la excusa de realizar un estudio militar, una forma como otra de camuflar lo que no era sino un exilio. Algunos de los seguidores del antiguo gobernador, entre ellos sus hijo Rodolfo, lo animaron a rebelarse con las armas, pero él prefirió acatar la orden sin demasiados reparos, dejando a sus fieles en la estacada. Sus admiradores vieron en su gesto un acto de patriotismo y de fidelidad a Porfirio Díaz. Sus detractores, en cambio, le tacharon de cobarde y le compararon con el general Boulanger, el militar francés que tuvo el poder al alcance de la mano pero no se decidió a tomarlo. Según Alan Knight, ambas posturas tenían su parte de verdad. Reyes no dejaba de ser un producto del sistema y, como tal, no estaba dispuesto a correr el riesgo de convertirse en un elemento desestabilizador. Quería ser presidente, pero sólo si Porfirio aceptaba nombrarlo como heredero.

A falta de su líder, los reyistas se apoyaron en el movimiento de Francisco I. Madero (la I era de

Ignacio y no, como decían sus enemigos, de Inocente), opuesto a la reelección del dictador en 1910, aunque fuera a través de un hombre de paja como Ramón Corral. Se produjo así una transferencia de cuadros que se revelaría fundamental en el proceso revolucionario, con resultados catastróficos para Díaz y los científicos. Madero optó a la presidencia con un antiguo reyista, Francisco Vázquez, como candidato a vicepresidente. Otros líderes, caso de Venustiano Carranza, tenían la misma procedencia. Privado de uno de sus dos pilares, el régimen se reveló incapaz de revertir su propia descomposición.

La evolución de la política internacional tampoco era favorable al viejo dictador. Estados Unidos, tras su victoria contra España en la guerra de 1898, había alcanzado un enorme poder en la región caribeña. Para contrapesar su influencia, México se volvió hacia Europa y Japón. La Casa Blanca respondió distanciándose del porfiriato, a la espera de un cambio de gobierno que favoreciera sus intereses. No era el menor de ellos el relativo al petróleo del país azteca.

La crisis económica vino a agravar aún más las cosas. Las exportaciones se redujeron mientras la banca limitaba sus créditos a los empresarios y aumentaba el coste de la vida. Los salarios, en cambio, caían: los reales e incluso los nominales. El desempleo comenzó a multiplicarse mientras se generaba un círculo vicioso: la debilidad económica provocaba la disminución de los ingresos del Estado. Para compensarla, el gobierno aumentaba los impuestos. Así, los contribuyentes se veían en crecientes dificultades y, por tanto, se generaba un descontento cada vez mayor. El mismo que suscitaba la congelación de sueldos y la paralización en las contrataciones de nuevos funcionarios.

Otras circunstancias, por esas fechas, contribuyeron a configurar un panorama cada vez más dramático. La sequía provocaba malas cosechas, con la consiguiente escasez, que hacía dispararse los precios de los productos de primera necesidad. En Chihuahua, según Friedrich Katz, se incrementaron hasta un ochenta por cien. El sector minero, mientras tanto, entraba en crisis por la caída del precio de la plata en el mercado mundial. Tampoco ayudaba a sortear la crisis el regreso de los emigrantes de Estados Unidos. Como el coloso del norte vivía su propia recesión, se multiplican los despidos en las empresas y a los mexicanos siempre les tocaba ser los primeros de la lista. Ante la falta de salidas laborales, no les quedó más remedio que volver a su país, donde la crisis les impidió incorporarse al mercado laboral, con lo que acabaron convirtiéndose en una fuerza desestabilizadora.

No era de extrañar, con esta situación, que los últimos años del porfiriato asistieran a un incremento de la protesta obrera, con una multiplicación de las huelgas y las manifestaciones. La clase trabajadora era todavía joven y relativamente exigua, apenas 195.000 obreros frente a medio millón de artesanos y once millones de campesinos. Estos proletarios se concentraban en las firmas extranjeras de Ciudad de México, Veracruz, Puebla y Monterrey.

Los protagonistas del descontento tenían origen urbano, por lo que no tenían el referente de la peor situación en las haciendas. Eso les hacía más combativos. Las autoridades vigilaban de cerca sus organizaciones y, llegado el caso, detenían a sus líderes. En otras ocasiones, sin embargo, los métodos de los cuerpos de seguridad resultaban mucho más contundentes. En Río Blanco, en respuesta al saqueo de una fábrica, se produjo una matanza de trabajadores por

Movilización de los trabajadores mexicanos contra una empresa
minera extranjera, la Mining Company.

orden de Porfirio Díaz. «Gracias a Dios que todavía
puedo matar», se dice que fueron sus palabras. Los
patronos habían optado por el cierre, tras rechazar
una propuesta de mediación del gobierno y las moderadas propuestas de los huelguistas.

La agitación laboral también terminaría trágica-
mente en Cananea, donde los mineros exigieron un
salario mínimo y una jornada máxima, a la vez que
intentaban ser equiparados con los estadounidenses de su empresa. Los gringos, además de acaparar
los puestos directivos, ni siquiera se molestaban en
mezclarse con la población local, a la que trataban
con desprecio. El ejército mexicano aplastó el motín con
la ayuda de tropas norteamericanas.

Este tipo de comportamientos brutales despres-
tigió al gobierno y empujó a la clase obrera hacia
los movimientos de oposición, como el reyismo, el
magonismo y, finalmente, el antirreeleccionismo.

UN DERRUMBE INESPERADO

El régimen, en suma, no entró en declive por una
crisis sino por un conjunto de ellas, tanto a nivel
económico y social como político. Todo ello sin
descartar el factor generacional, ya que el gobierno
evidenciaba una acusada gerontocracia. Su jefe, Díaz,
en la víspera de las sublevaciones que lo desalojarían
del poder, había cumplido ya ochenta años. Entre sus
ministros y gobernadores, la edad promedio era de
setenta. «Los báculos de la vejez del dictador eran casi
tan viejos como él y algunos más chochos», escribirá,
implacable, Luis González. Llegados a este punto,
muchos se preguntaban cuál sería el futuro del país
cuando se produjera el inevitable hecho biológico.

No obstante, el vendaval político pilló a casi
todo el mundo desprevenido. En 1910, el régimen
aún exhibía fortaleza con la conmemoración del
Primer Centenario de la Independencia Nacional,
aunque los actos, en realidad, se habían pensado
más para enaltecer al dictador que para recordar la
memoria de Miguel Hidalgo. El régimen, lleno de
confianza en el futuro, organizó recepciones, bailes
y veladas literarias con las que celebrar por todo lo
alto el aniversario. «Era el momento de la *belle époque*
mexicana en su momento de mayor esplendor»,
afirma Enrique Krauze. Orgulloso por el trabajo
realizado, Díaz miraba hacia atrás y se regocijaba con
un balance triunfalista: su pueblo, en apenas un siglo,
había pasado de la anarquía a la paz, de la miseria al

crecimiento, del aislamiento a ocupar su lugar en el concierto de las naciones. «Nadie conceptuará que eso es poco», afirmó.

El dictador, como señala Krauze, se olvidaba de la mitad de la historia, ajeno a los problemas de sus conciudadanos. En realidad, su gobierno tenía los pies de barro porque se basaba en un fuerte personalismo. Díaz, octogenario, no iba a vivir para siempre. ¿Qué sucedería entonces? Nadie podía asegurarlo. El propio Díaz se había ocupado de neutralizar a los que aspiraban, como Reyes, a ocupar la presidencia tras su muerte. México, por desgracia, carecía de instituciones que aseguraran una trasmisión pacífica del poder.

Sin embargo, en 1910, aún dominaba el optimismo en los círculos oficiales, acostumbrados a un mundo paralelo al que no llegaban las palpitaciones de un país en el que todo estaba a punto de estallar. En un informe a su gobierno, el embajador alemán declaraba que una revolución general era imposible. No era el único en pensar así: un año antes, el periódico *El Imparcial* aseguraba lo mismo a sus lectores. Observadores extranjeros coincidían en el diagnóstico, seducidos por la apariencia de estabilidad. Tras una visita a México, el industrial Andrew Carnegie llegó a la conclusión de que una paz envidiable reinaba en todos los rincones de la república.

El optimismo poco tenía que ver con las conclusiones a las que llegaba cualquier observador dispuesto a utilizar sus ojos. El periodista John Kenneth Turner aseguraba que «los mexicanos de todas clases y filiaciones se hallan acordes en que su país está a punto de iniciar una revolución a favor de la democracia, si no una revolución en tiempo de Díaz, puesto que éste ya es un anciano y se espera que muera pronto, sí una revolución después de Díaz».

A posteriori, no faltó quién viera en el paso del cometa Halley el preludio de todas las turbulencias que iban a sucederse. En cambio, muchos años antes, desde el exilio, el ex presidente Lerdo de Tejada había profetizado para su país «la más grande y poderosa de las revoluciones». No sería una simple alternancia política sino una revolución social que nadie podría detener. Los acontecimientos estaban a punto de darle la razón. En el norte del país se incubaba un descontento que sólo esperaba a quien supiera canalizarlo, tal como hizo notar un militar estadounidense, el capitán Scott, destinado en la frontera con México: «si se produjera una explosión revolucionaria, un líder hábil tendría numerosos partidarios». Scott seguramente no imaginó hasta qué punto su vaticinio iba a resultar profético.

El porfiriato y la Iglesia

Aunque el régimen de Porfirio Díaz no llegó a suprimir los artículos anticlericales de la Constitución de 1857, sí procuró mantener buenas relaciones con la Iglesia. Ambas partes comprendieron que resultaban beneficiadas si llegaban a un *modus vivendi*, así que los obispos dejaron de condenar a los liberales, descreídos y masones, mientras el gobierno toleraba la actividad pública de los sacerdotes, que adquirieron una creciente influencia a través de publicaciones y actos religiosos multitudinarios, a la vez que intervenían en el sistema educativo y en el de beneficencia.

Por su parte, un sector de fieles, influidos por la encíclica Rerum Novarum (1891), de León XIII, planteó ciertas discrepancias con el gobierno, aunque siempre dejando a salvo la figura del dictador. En su opinión, México adolecía de una concentración excesiva de la propiedad agraria. Algunos importantes periódicos confesionales, como *El Tiempo* y *El País*, publicaron críticas en esta dirección.

Había que preocuparse por mejorar la suerte de los indígenas, según concluyeron diversos congresos católicos. Los campesinos debían disfrutar de ventajas como mayores salarios o la gratuidad del servicio médico.

Estos cristianos no llegaron a cuestionar el derecho de propiedad, que les parecía conforme a sus doctrinas religiosas. Sí, en cambio, lamentaron la falta de libertades, motivada en parte por la persistencia del caciquismo.

3

El apóstol de la democracia

La Revolución mexicana, como la francesa, empezó con una revuelta de notables. La encabezó Francisco I. Madero, primogénito de una familia de latifundistas, una de las doce más ricas de México, con plantaciones de algodón, minas, destilerías, fábricas e inversiones en el sector bancario. En palabras de Alan Knight, ellos eran «la crema de la emprendedora élite de terratenientes norteños». El fundador de la dinastía, Evaristo Madero, había amasado una de las cinco mayores fortunas del país y llegó a ser gobernador de Coahuila. Fue un hombre muy bien relacionado en los círculos de poder, que contaba entre sus amistades al ministro de Hacienda, Limantour.

El segundo nombre de Francisco, Ignacio, fue en honor del fundador de los jesuitas, con los que se educó en el colegio de San José. Luego prosiguió su formación en Francia, donde estudió comercio y economía, al tiempo que hacía comparaciones y tomaba conciencia del atraso de su tierra natal. Su estancia en Europa también fue importante en otro sentido, ya que le permitió conocer una doctrina por entonces muy en boga, a la que se adhirieron celebridades como el novelista Arthur Conan Doyle. El espiritismo, a su juicio, suponía una extraordinaria síntesis entre religión y ciencia. A partir de aquí, la creencia en fenómenos paranormales le dio un aire excéntrico del que no se libró durante el resto de su vida. Por su fe religiosa y por el hecho, incomprensible para muchos, de que alguien con su inmensa fortuna se arriesgara a bajar a la arena política. Ciertamente, Madero no estaba libre de rarezas, pero nadie puede negar que vivía una profunda espiritualidad que le condujo a interesarse por la suerte de los más desfavorecidos. Entendía que un hombre adinerado como él debía poner sus riquezas al servicio de una causa justa.

Tras regresar a México, se marchó a Berkeley, Estados Unidos, donde se interesó por las técnicas agrícolas y perfeccionó su inglés. Los conocimientos adquiridos le permitieron, a su vuelta, incrementar espectacularmente el rendimiento de las propiedades familiares. Por ejemplo, a través de la introducción de una variedad de algodón norteamericano.

Madero era un joven sensible hacia las clases desheredadas, convencido de que México necesitaba un esfuerzo patriótico que le hiciera superar el subdesarrollo. A principios del siglo XX, sin embargo, aún permanecía ajeno a la política. Se dedicaba en exclusiva a sus exitosos negocios, con los que consiguió constituir una fortuna de más de medio millón de pesos. Hasta que su vida experimentó un giro a raíz de unos acontecimientos que le conmovieron en lo más hondo. Una manifestación opositora en Monterrey, el 2 de abril de 1903, acabó de manera trágica por la violenta represión ordenada por el gobernador, Bernardo Reyes. Quedaba así claro el destino que le esperaba a cualquier expresión de signo mínimamente aperturista.

Conmocionado, nuestro hombre sintió que era criminal continuar con una existencia ajena a los problemas públicos, por lo que decidió dar el salto al mundo de la política. Su programa se centraba en la limpieza de las elecciones y no reelección de la figura presidencial, dos principios que se resumen es el eslogan «Sufragio efectivo, no reelección». No bastaba que el dictador no se presentara a las elecciones si escogía un sucesor entre sus mejores amigos. El objetivo era, por el contrario, situar al país dentro de una senda de modernidad. Eso no significaba que Madero se viese a sí mismo como un revolucionario, sino más bien como un apóstol que tenía el valor de expresar lo que todos callaban. Inició así el camino que le convertiría en la cabeza de un «eufórico momento de clases medias un tanto tímidas», por decirlo con las palabras de Paco Ignacio Taibo II. Esas clases medias constituían una gran novedad en el país, al multiplicarse su número entre 1900 y 1910, tal como observaba el vicecónsul británico en Guadalajara: «En estos diez años hemos visto que en estas calles el peón se ha convertido en una rareza mientras que la vestimenta europea se encuentra por todas partes».

Porfirio Díaz también notó la importancia de este nuevo sector social, pero no pareció darse cuenta de que sus miembros reclamaban un protagonismo político en consonancia con su importancia económica. No es cierto, como a veces se ha dicho, que el maderismo fuera la expresión política de una clase media empobrecida. La verdad, de acuerdo con Alan Knight, es justo la contraria: una clase en ascenso reclamaba su lugar bajo el sol. Madero supo convertirse en su paladín. De esta manera, en poco tiempo pasó de figura local a disfrutar de un protagonismo a escala de todo el país, aunque siempre fue en el norte donde se concentró su fuerza de una manera desproporcionada. En el sur, en cambio, su impacto resultaba prácticamente inexistente.

Proyectos de futuro

Pese a todos los obstáculos, el nuevo aspirante a la presidencia poseía una fe inquebrantable en su lucha. Divulgó su pensamiento en un libro, *La sucesión presidencial en 1910*, con un éxito inmediato gracias a su estilo sencillo, al alcance de todo el mundo. Muchos le admiraron porque se atrevía a decir lo que pensaba la mayoría, haciendo un llamamiento a la nación para que recuperara sus derechos.

El jefe del Estado debía tener la inteligencia de no ver enemigos en los que, como él, exhibían el coraje necesario «para mostrarle el precipicio a dónde va la patria y enseñarle también cuál es el remedio». Tras un mandato que se había prolongado por más de tres décadas, Díaz, cercano ya a los ochenta años, debía preocuparse más de cómo iba a quedar ante la historia que de las ambiciones políticas de sus aduladores, los mismos que habían procurado convertirle en una especie de semidiós, como si no hubiera otro hombre capaz de igualarle en sus dotes extraordinarias. «Todos sabemos que lo comparan con Napoleón y Washington —escribe Madero—, que le declaran más grande que Bolívar y deducen que la Nación tiene para él una deuda de gratitud que nunca le podrá pagar».

Francisco I. Madero,
presidente de México de 1911 a 1913.

Siempre en términos moderados, nuestro hombre no se dirigió al presidente como se dirigiría a un tirano. Por el contrario, su tono denotaba respeto, en parte por precaución política, en parte por genuina convicción, porque el hecho de ser un opositor no resulta incompatible con la fascinación por un régimen que ha brindado al país muchos años de estabilidad. Por todo ello, el Porfirio que retrató no era un hombre vulgar, sino un estadista de talla que había utilizado su poder absoluto con prudencia, sin caer en la tentación de enriquecerse, aunque sí había permitido la corrupción de los demás, entre otras razones para comprar a los disidentes. El problema, pues, no estribaba en enfrentarse a una figura maléfica sino en buscar una solución política para un régimen que ya no daba más de sí. El país necesitaba con urgencia un cambio.

Significativamente, por la fecha en que Madero publicaba su obra, varios títulos de temática política llegaron hasta el gran público. Tenían en común la preocupación por establecer, tras la muerte del dictador, un régimen constitucional. Así, Querido Moheno dio a la luz *Hacia dónde vamos,* donde se preguntaba si existía la suficiente madurez para la democracia. La cuestión del sufragio era esencial para impedir que, a la muerte de Porfirio Díaz, se impusieran indefinidamente «gobiernos personales que nunca compensarán los vicios propios del sistema con las virtudes públicas y privadas del jefe del gobierno».

Un año después, en 1909, Ricardo García Granados publicaba *El problema de la organización política de México,* con el propósito de evitar la crisis de sucesión que previsiblemente se desataría cuando el presidente muriera o se retirara. Ante el peligro de que el país se encontrase en un callejón sin más salida que la violencia, García Granados propone una vía media. Se opone, por un lado, al despotismo. El cesarismo del porfiriato no podía continuar indefinidamente porque no había funcionado por las virtudes del sistema, sino por las cualidades del jefe del gobierno. No obstante, aceptar la necesidad de cambios no implicaba dar la razón a los «doctrinarios ilusos de la escuela democrática».

En este animado debate sobre el futuro, a corto y medio plazo, nadie planteaba un rechazo total contra el jefe del Estado. Todos propusieron, por el contrario, soluciones que contaran con su consentimiento, sin concebir que, mientras viviera, fuera posible un cambio en su contra.

Este será el telón de fondo sobre el que Madero construirá su proyecto político. Además de exponer sus ideas por escrito, fundó el Partido Nacional Antireeleccionista y se lanzó a una intensa actividad. En sus viajes de propaganda cruzó todo el país, preocupándose de crear clubes políticos a nivel local. Pese a su voz atiplada, no carecía de cualidades oratorias: hablaba bien y supo «tender un hilo de emoción entre él y su auditorio», según señalaría Silva-Herzog. Así, poco a poco, sus oyentes fueron en aumento hasta constituir multitudes entusiastas, entre las que había muchos antiguos reyistas desilusionados con su líder. Madero buscó atraérselos, conscientemente, hablando bien de ellos mientras dirigía sus ataques contra Reyes. Mientras tanto, para financiarse, no dudó en malvender una parte de sus bienes, única forma de obtener liquidez, si es que no conseguía alguna contribución de su reticente familia, entre la que pasaba por algo más que insensato. Según su abuelo Evaristo, su desafío a Porfirio Díaz equivalía a «la carga de un microbio contra un elefante».

Sus discursos despertaban grandes expectativas en un público que no tenía demasiada idea del cambio que iba a impulsar. ¿Bajaría los impuestos? ¿Sería un recambio para un Porfirio ya demasiado envejecido? La gente que acudía a escucharle tal vez discrepara en sus sueños, pero estaba de acuerdo en una cosa: la necesidad de una regeneración. Madero, por su parte, tenía claro que lo primero era acabar con la dictadura. En Orizaba se dirigió a veinte mil trabajadores, a los que anunció que la democracia sería la solución de sus problemas: «Queréis únicamente libertad, porque la libertad os servirá para conquistar el pan».

Uno de los que se ilusionó con sus proyectos fue el novelista Mariano Azuela. Creía que hacían falta reformas, opinión que compartía el poeta José Becerra, amigo suyo. Ambos, entusiasmados, no tardaron en crear un grupo de apoyo a Madero y contrario a Porfirio Díaz en Lagos de Moreno. La iniciativa, por desgracia, no les resultó gratuita. Lo peor no fue la mala fama que adquirieron en los ambientes conservadores, sino que Becerra perdiera su empleo de secretario en la Jefatura Política, institución al servicio del gobernador que constituía una correa de la transmisión de la voluntad del presidente.

Por encima de este y otros muchos obstáculos, el maderismo avanzaba imparable. Se trataba de un movimiento fundamentalmente mesocrático, aunque no por ello insensible a las necesidades de las clases trabajadoras. Su programa incluía libertad de sindicación, seguros contra accidentes y escuelas en las fábricas. Con todo, la relación con el pueblo llano no podía desprenderse de una ambigüedad congénita: la burguesía necesitaba a los obreros, consciente de que no vencería si no ampliaba su base social, pero al mismo tiempo temía la irrupción desordenada de las masas. Sin embargo, pese a estos miedos, entre los partidarios de Madero se contaban artesanos atraídos por la promesa de elecciones libres y la de extender el sistema educativo.

Tampoco faltaron obreros. Alan Knight sostiene que los trabajadores maderistas salieron de las fábricas con una tradición reivindicativa, movidos por el convencimiento de que la apertura política suponía un requisito previo para la mejora económica.

LAS TRIBULACIONES DE UN CANDIDATO

Madero, como señala Cumberland, uno de sus principales biógrafos, creía en el sistema representativo pero no pensaba que la mayoría de sus compatriotas estuvieran capacitados para ejercer la libertad: «Sabía que la mayoría de los indios carecían de la preparación y la experiencia necesarias para tomar parte activa en la política». Desde su óptica, esta no era una afirmación antidemocrática porque no implicaba la constitución de castas inamovibles. A través de la educación pública y universal, cualquiera podría adquirir los conocimientos que le capacitaran para ejercer la ciudadanía.

En palabras de uno de sus correligionarios, Manuel Calero, que sería su ministro de exteriores, una democratización racional implicaba negar el voto a los que no supieran leer ni escribir. ¿Por qué un estudiante culto, pero menor de edad, debía tener menos derechos que un indio agreste que sobrepasara los ventiún años? Sin duda era lamentable que más del ochenta por ciento de los mexicanos no pudieran, por su analfabetismo, intervenir en la vida política, pero eso era algo que se corregiría en un par de generaciones. Para empezar, había que garantizar el protagonismo, no de todos los ciudadanos, sino de «algunos centenares de miles de hombres con plenas capacidades para el ejercicio de la libertad política».

De esta manera, el futuro de la nación estaría en manos de la burguesía ilustrada, no en las del pueblo llano compuesto por «pelados», malolientes y alcohólicos. Según Calero, si el pueblo se compusiera sólo de esos elementos, no quedaría más solución que un gobierno autoritario al estilo del tiempo de los virreyes.

La extensión del maderismo fue posible, no obstante, gracias a su alianza de clases. La contribución de las mujeres, la mayoría pertenecientes a los sectores mesocráticos urbanos, resultó esencial para el éxito de la movilización. Aunque no podían ejercer el voto, ellas participaban en los grupos antireeleccionistas y desarrollaban una actividad propagandística insustituible. Leonor Villegas de Magnón, por ejemplo, era una dama de la alta burguesía que se hallaba presente en los círculos antireeleccionistas –a espaldas de su esposo, de diferente opinión política– y escribió en la prensa artículos incendiarios contra la dictadura.

No obstante, los prejuicios sociales, muy difíciles de desarraigar, aún valoraban a las mujeres en función del estereotipo del ángel del hogar. El propio Madero, tras una intervención en San Pedro de las Colonias, en enero de 1910, agradeció las simpatías femeninas, pero lo hizo desde una óptica tradicional. Las damas y señoritas que se hallaban entre su público representaban a la mujer de corazón abnegado, siempre dispuesta al cuidado de sus semejantes. No se les concedía el derecho a «inmiscuirse» –el verbo ya lo dice todo– en los asuntos de la política, pero nadie mejor para inculcar a los niños, a los futuros ciudadanos, «el amor a la patria y a la libertad».

En una demostración de pragmatismo, Madero ofreció al presidente convertirse en una figura meramente honorífica mientras el vicepresidente, surgido de unos comicios democráticos, asumía el poder

Madero rodeado de admiradores en un acto político.

efectivo. Se trataba de impulsar un cambio contro-
lado, una especie de revolución desde arriba. Pero
Díaz, con su intransigencia, hizo esta vía imposible,
sin darse cuenta de que la represión sólo iba a conseguir la radicalización de sus enemigos. En lugar de
pactar, decidió optar nuevamente la reelección, con
lo que vino a demostrar que el liberalismo mexicano
no podía regenerarse con métodos pacíficos. Madero,
sin embargo, decidió presentarse también. El país
asistió entonces a un escenario inédito en mucho
tiempo: en las elecciones de junio de 1910, los dos
candidatos realmente se enfrentaban.

Dos meses antes, en abril, ambos oponentes se habían visto las caras. Madero salió decepcionado de la entrevista, al encontrar a un presidente que juzgó decrépito por completo: «Ni me pareció imponente, ni hábil, ni nada».

Díaz recurrió a los métodos acostumbrados y movilizó en su favor el aparato del Estado, un trámite que debía bastar para asegurarle la victoria. No contaba con el éxito de un aspirante al que menospreciaba clamorosamente, sin percibir que iba a ser capaz de aglutinar a los opositores al régimen con una campaña de masas, al estilo de las que emprendían los políticos estadounidenses, cuyo modelo siguió de cerca. El porfiriato, mientras tanto, le planteó todas las trabas imaginables. Madero vio cómo le impedían imprimir su propaganda o cómo le negaban espacio para realizar sus mítines. Y si podía hablar, la policía contribuía a que sus simpatizantes no pudieran escucharle. Pese a todo, él continuó con el anuncio de su buena nueva contra viento y marea. Durante su discurso de Orizaba, en mayo de 1910, proclamó que el régimen tenía sus días contados: «El edificio de la Dictadura ya se bambolea, ya vacila, ya está próximo a derrumbarse y no podrá resistir el primer embate del pueblo».

Las autoridades, al comprobar su éxito, perdieron los nervios y acabaron por ordenar su encarcelamiento bajo el cargo de incitar al pueblo a la sedición. Su detención fue la más importante dentro de una oleada represiva que afectó a muchísimas personas, entre cinco mil y sesenta mil según los cálculos. El gobierno, gracias a este gesto de gran torpeza, no hizo más que favorecerle al realzar su aura de apóstol democrático y víctima de una tiranía. Muy lejos de amilanarse, Madero se dirigió al dictador con las palabras enérgicas del que se sabe vencedor moral: «Con esa actitud se demuestra que usted y sus partidarios rehúyen la lucha en el campo democrático porque comprenden que perderían la partida. La nación no quiere ya que usted la gobierne paternalmente».

Se hallaba en prisión cuando se celebraron las elecciones, con victoria de Díaz y de Corral. Un triunfo esperado, como no podía ser de otra manera, en medio de procedimientos por completo irregulares. ¡La policía amenazaba a los votantes con apuntar sus nombres si no seguían sus instrucciones!

Tras cuarenta y cinco días, recuperó la libertad gracias a la cuantiosa fianza que pagó su padre. No tardó en marcharse a Estados Unidos, donde encargó a un talentoso abogado, Sherburne G. Hopkins, que hiciera campaña a favor de su causa entre el público del poderoso país vecino, misión que Hopkins cumplió con su eficacia acostumbrada.

COMIENZA LA REVUELTA

El Plan de San Luis Potosí, obra personal de Madero en su mayor parte, iba a convertirse en el programa de la revuelta. Tras declarar sin valor los pasados comicios, el documento desconocía el gobierno de Porfirio Díaz y establecía el principio de la no reelección. El apartado más trascendente fue el artículo tercero, en el que se expresaba la voluntad de restituir a los pequeños agricultores, la mayoría indígenas, las tierras que les habían arrebatado. Ello animó a muchos campesinos, comenzando por los zapatistas, a secundar la rebelión. Les movía el ansia por recuperar sus antiguas propiedades, no la retórica democrática del candidato acerca del sufragio. Por desgracia, fácilmente se produjo un malentendido de profundas consecuencias: muchos interpretaron que el plan prometía la división de las haciendas cuando sólo prometía revisar los despojos arbitrarios.

El cuarto artículo nombraba a Madero presidente provisional, con el argumento de que él hubiera ganado si las elecciones hubieran sido limpias. El séptimo artículo llamaba a los mexicanos para que tomaran las armas y depusieran a las autoridades, evitando así el futuro sombrío que, de lo contrario, aguardaba al país. Marcaba un día, el 20 de noviembre de 1910, y una hora, las seis de la tarde. En los pueblos apartados de las vías de comunicación, el alzamiento debía comenzar la víspera.

No le falta razón a Macario Schettino cuando dice que «con tanta información, el levantamiento no podía ser sino un desastre, y eso fue». La Revolución mexicana había comenzado y lo hacía con mal pie, pese a los optimistas augurios de su líder, que había animado al ejército a la deserción. Los militares, por el contrario, persistieron en su fidelidad a la dictadura. En esos momentos, nada hacía suponer que el movimiento rebelde fuera más allá de algunos conatos aislados de rebelión, a los que la opinión pública no dio mayor importancia. La brutalidad de la represión gubernamental convenció a los revolucionarios de los riesgos que corrían, por lo que su plan terminó en fracaso.

Se ha señalado como una notable paradoja que un hombre de talante pacifista llamara a las armas a sus conciudadanos. La contradicción, sin embargo, tal vez sea sólo aparente. En una entrevista concedida en 1911, Madero declaró que entendía la agitación política como un paso necesario para suscitar la actuación militar, única manera de arrojar a Porfirio Díaz del poder: «La campaña democrática era indispensable porque prepararía a la opinión pública y justificaría una rebelión armada». No obstante, una cosa es que pensara que la sublevación violenta fuera necesaria y otra muy distinta que la juzgara deseable. En la medida de lo posible, debía evitarse que la irrupción en la arena política de las masas incultas pusiera en peligro el orden y la propiedad.

Tenemos, pues, a un líder que dista de ser un radical. Primero propugna los medios legales, pero lo hace a sabiendas de que tendrá que emplear la violencia como último recurso. Al llegar a este punto, cree que la lucha ha de circunscribirse a ciertos límites. Su aspiración es conquistar un régimen de libertades, no subvertir el orden social.

Poco a poco, el movimiento antiporfirista, tan poco prometedor en su inicio, fue ganando adeptos. En las montañas de Chihuahua se levantaron partidas guerrilleras iniciando un movimiento de protesta que se extendió por las regiones limítrofes de Durango, Sonora y Coahuila. El perfil de los rebeldes, sin embargo, era muy distinto al de Madero. Ellos se alzaban en busca de mejoras socioeconómicas, no tanto porque les preocupara quién ocupase el palacio presidencial.

La prensa conservadora clamaba asustada. Madero sería un moderado, pero había iniciado algo que amenazaba no sólo al régimen de Porfirio Díaz sino al orden social en sí, ya que se le estaban uniendo elementos mucho más radicales. El periódico *El Debate*, con sus olímpicos prejuicios clasistas, no estaba demasiado equivocado en el fondo de la cuestión: «Delante de Madero está la plebe, la multitud estólida, semidesnuda y pestilente». Lo cierto era que la lucha a favor de la democratización había colocado en la agenda política el viejo descontento popular por la desigual distribución de la tierra. Por eso, gentes como Zapata se definieron como maderistas.

En Morelos, los hacendados llevaban años usurpando los derechos de los campesinos, pero estos perdían sistemáticamente todos los juicios porque no disponían de influencias ni en el gobierno central ni en el regional, ni contaban con la simpatía de los funcionarios de las cabeceras de distrito. En 1909, la presión de los terratenientes se había recrudecido cuando el gobernador, una marioneta en sus manos, les favoreció con un cambio en los impuestos y en los derechos de los hacendados. Este golpe, en palabras de John Womack, «se sintió duramente en todos los pueblos del Estado».

No obstante, no todo se reducía al problema agrario ya que también existía un claro descontento hacia la clase política del régimen, por su extendida corrupción y por sus clamorosas negligencias. En Morelos, el Estado se hallaba en una situación de práctica anarquía, con un gobernador, el general Pablo Escandón, absentista, y unos subalternos que convertían sus deseos en ley. Las demostraciones de incompetencia, mientras tanto, eran sangrantes: en Cuautla, el puente de la ciudad se vino abajo. Es más: nadie se preocupaba de recoger las basuras en medio de la pasividad de las autoridades. Según Womack, «los caciques de los distritos apretaron más aún la presa que hacían en sus víctimas y dieron rienda suelta a sus caprichos, más extravagantemente todavía a sus expensas de la hacienda pública».

Muchos creyeron que había llegado la hora de cambiar a los que detentaban el poder político, única forma de garantizar la devolución de las tierras. Para conseguirlo, los movimientos campesinos, como el zapatista, se propusieron expulsar a los representantes locales del Estado: el jefe de policía, el cobrador de impuestos, el sargento de reclutamiento y el juez. La protesta social confluyó así con la protesta anticentralista de unas comunidades que deseaban conservar sus costumbres sin intromisiones foráneas, bajo la dirección de los sabios de sus aldeas. Todo se reducía a que «nadie se metiera con ellos», como había dicho el líder de la rebelión de Tomochic, Cruz Chávez, a finales del siglo XIX.

Mientras tanto, entre los trabajadores urbanos, se vivían momentos de efervescencia conspirativa. Las autoridades detectaron en las fábricas al menos seis intentos de insurrección.

Triunfo militar, victoria pactada

Cada vez era más difícil que los rebeldes fueran reprimidos con eficacia por unas tropas anquilosadas y sin moral de combate, víctimas de las insuficientes dotaciones presupuestarias y purgas de oficiales reyistas. Estados Unidos reaccionó con una impresionante movilización de tropas en la frontera, en la que se vio involucrada una cuarta parte de su ejército. John Kenneth Turner, el famoso periodista de izquierdas norteamericano, no cabía en sí de rabia. La Casa Blanca, con su gesto, menospreciaba por completo la voluntad del pueblo mexicano. En el prefacio de *México Bárbaro*, su condena a la política del presidente Taft es inequívoca: «La incautación por las tropas de los abastecimientos para la revolución y el arresto de reclutas revolucionarios son contrarios no solamente a todas las tradiciones de libertad política sobre las que se supone que está basado este país, sino que son ilegales, criminales y punibles, con multa y prisión según los Estados Unidos».

Los rumores sobre una posible intervención militar de Washington no tardaron en dispararse, lo que redundó en el desprestigio de Díaz, culpable ante la opinión pública de provocar al poderoso vecino. El dictador, pese a sus éxitos iniciales, tenía que hacer frente a un adversario de mucha más envergadura de la que había imaginado. Entre abril y mayo de 1911 estallan una multitud de revueltas en Michoacán, Guerrero, Chiapas o Tabasco, entre otros territorios. Según Macario Schettino, se trata de una serie de levantamientos inconexos, sin relación con el maderismo, pero eso no está tan claro. En Guerrero, por ejemplo, los hermanos Figueroa se convierten en líderes de la causa antirreeleccionista y se levantan en nombre del Plan de San Luis.

Las guerrillas se multiplicaban. ¿Cómo podía hacerles frente un ejército descuidado que no pasaba de unos pocos miles de hombres para quince millones de habitantes? La tropa, además de escasa, estaba mal equipada y peor dirigida, con un grave problema de gerontocracia entre sus mandos.

Cada vez más acorralado, incapaz de imponerse por la fuerza, el dictador no vio más salida que renunciar. Después de su marcha se formaría un gobierno provisional y se convocarían elecciones. A Madero, el plan le iba bien. Eso era lo que había reclamado desde el principio, un acuerdo entre élites. No advirtió que iba a cometer un error de bulto al aceptar como presidente interino a un antiguo porfirista, Francisco León de la Barra. Su presencia implicaba una vuelta al pasado, al permitir que conservaran su influencia los enemigos de la revolución, que de esta forma se veía deslegitimada. En adelante, León de la Barra haría todo lo posible por colocar ante los demócratas todos los obstáculos posibles, tal como afirmó el embajador alemán Von Hintze. La ruptura entre su candidato y Zapata sería, en buena medida, obra suya.

El presidente interino Francisco León de la Barra y Quijano (1863-1939). Su gobierno ha sido definido como un porfiriato sin Porfirio Díaz.

Se acostumbra a repetir que una segunda gran
equivocación de Madero consistió en la disolución
de su ejército, de forma que renunció de antemano a
un instrumento de defensa frente a las fuerzas reac-
cionarias. Un especialista en el período, Cumberland,
discrepó de este punto de vista: no había ninguna
garantía de que las tropas que habían derrocado a
Porfirio Díaz aceptaran permanecer fieles a otro
mandatario.

Aunque se les repitió que las reformas debían realizarse a través de procedimientos legales, muchos revolucionarios no se resignaban a renunciar a su situación
de fuerza sin las debidas garantías. No obstante, fueron
mayoría los que aceptaron deponer las armas, convencidos de que el país cambiaría en cuanto tuviera un nuevo
líder. Era cuestión de esperar sólo un poco.

Sin escolta, Madero entró en Ciudad de México el
7 de junio de 1911, en medio del entusiasmo generalizado,
poco después de que la capital se viera sacudida por un
terremoto que había matado a más de doscientas personas,
por lo que no faltaba quien interpretara el desastre como
un castigo divino por la caída de Porfirio Díaz

El recién llegado, con su juventud, su bondad
y su sonrisa espontánea, atrajo las miradas y suscitó
interminables vítores. Mientras tanto, repartía promesas evitando compromisos concretos, seguro de que
podría mediar entre sectores opuestos. Aseguró a los
trabajadores que se preocuparía por su suerte, pero
no hizo nada para aumentar los salarios. A los empresarios, les dijo que en adelante ya no iban a disfrutar de impunidad para imponer su ley. A la postre,
todos, a un lado y otro del espectro político, saldrían
descontentos.

LA DIVISIÓN DE LOS REVOLUCIONARIOS

Madero se mostró conciliador con Zapata, al que pidió que tuviera confianza en él: «La condición esencial es que usted debe continuar teniendo fe en mi como yo la tengo en usted». El futuro presidente se proponía que el sureño, al que llamó «integérrimo general», aceptara licenciar a sus hombres. Ambos líderes se encontraron del 18 al 25 de agosto de 1911 en Cuautla, devastada aún por la feroz batalla en la que el ejército zapatista, al precio de mucha sangre, se había impuesto a las tropas de Porfirio Díaz. Madero, para demostrar su confianza en Zapata, se presentó acompañado de su esposa. La imagen de destrucción que encontró, con numerosos edificios destruidos, no contribuyó a predisponerle a favor de sus anfitriones.

El acuerdo iba a resultar imposible. Entre otras razones, por la excesiva distancia ideológica. Desde los presupuestos liberales no resultaba fácil entender el mundo comunitario de Morelos, en el que la propiedad y el individualismo carecían del valor absoluto que les otorgaba la sociedad capitalista.

A los campesinos, prevenidos por experiencias pasadas, no podía convencerles la idea de desarmarse sólo a cambio de buenas palabras. Los hechos iban a darles la razón, ya que León de la Barra envió tropas al mando de Victoriano Huerta para finiquitar de una vez la sublevación rural, al tiempo que dirigía un ultimátum. Si Zapata quería evitar el enfrentamiento con el ejército federal, tenía que licenciar a sus hombres en apenas veinticuatro horas. Huerta, por desgracia, interpretó sus atribuciones como una carta blanca para destruir todo lo que juzgara como objetivo militar.

Al verse amenazado, el Caudillo del Sur culpó a Madero de deslealtad. En realidad, este se había quejado a León de la Barra por el envío del ejército, defendiendo a Zapata con notable ingenuidad, intentando convencer al presidente interino de que los hacendados lo difamaban por motivos egoístas, al considerarlo una amenaza para sus «inmerecidos privilegios». ¿Acaso creía que León de la Barra actuaba de buena fe? ¿Esperaba que sus argumentos surtieran efecto? Había dado su palabra a los campesinos y ahora se encontraba en falso, a punto de quedar como un mentiroso.

El mismo Zapata que le había prometido ser «el más fiel de sus subordinados» iba a darle la espalda, ignorante de cuál era su verdadera situación. Sin embargo, no quiso llegar al extremo de fusilarle, tal como le proponía su hermano Eufemio. Había que esperar, por el contrario, a que subiera al poder. Entonces caería la venda de los ojos de sus numerosos partidarios, al comprobar que no cumplía sus promesas. Ese sería el momento para darle su merecido. «No faltará un palo donde colgarlo», afirmó el revolucionario de Morelos.

Por tanto, Madero pudo regresar sin problemas a Ciudad de México, pero lo hizo con una opinión muy negativa de todo lo que había visto. Zapata le pareció un caudillo incapaz de controlar a las tropas bajo su mando, a su juicio una banda de salvajes entregadas al saqueo. Según John Womack, en esos momentos estaba «dispuesto a creer lo peor que se dijese de los rebeldes de Morelos».

Los revolucionarios agraristas se sentían igualmente decepcionados. La política de las autoridades les había convencido de que no se podían fiar del gobierno porque, aunque se había producido un cambio político, los aparatos represivos continuaban

Escena de la película *¡Viva Zapata!,* de Elia Kazan. Marlon Brando interpreta al protagonista. Madero (derecha) aparece encarnado por Harold Gordon.

en idénticas manos. Si querían evitar que todo siguiera como hasta entonces, no les quedaba otro camino que tomar el poder a escala nacional.

Cuando por fin se celebraron comicios, en octubre, Madero obtuvo una victoria incontestable y lo hizo en la consulta más limpia de la historia nacional. Se impuso con un cincuenta y tres por ciento de los sufragios, mientras el resto de los votos se los repartían otras cuatro candidaturas. Había llegado el momento de hacer que la democracia que sólo existía sobre el papel, el de la Constitución de 1857, se convirtiera en algo moderno y tangible. En un sistema inclusivo, en el que cupieran gentes de todas las ideologías, incluidos los católicos, tradicionalmente denostados por el anticlericalismo liberal. Muchos creían que, si llegaban al poder, no dudarían en abolir la democracia que les había beneficiado. Madero, por el contrario, creía que respetarían las reglas de juego. Así, la nueva etapa, en palabras de Enrique Krauze, se presentaba como «una milagrosa oportunidad de reconciliación histórica».

Es debatible, sin embargo, hasta qué punto esta «reconciliación histórica» podía llevarse a cabo sin una reforma agraria a gran escala. Según Adolfo Gilly, el presidente buscaba un imposible, establecer una democracia al mismo tiempo que sofocaba la sublevación campesina. No obstante, el reto del nuevo mandatario no se reducía a la cuestión social. Debía encontrar la manera para establecer un poder basado en las instituciones, no en el absolutismo de un caudillo por muy ilustrado que fuera. Eso significaba aceptar límites a su propia autoridad, en unos momentos en que enemigos dispuestos a todo buscaban su destrucción.

Madero, sin embargo, inició su mandato con tranquilidad. Poseía fe ciega en el buen sentido del pueblo y confiaba en que podría sortear todos los obstáculos. A su juicio, la revolución había terminado. No obstante, su momento de gracia había pasado ya. Ahora ya no era el líder que concitaba unanimidades, sino un político enemistado con varios de sus antiguos amigos. Por imponer como vicepresidente a Pino Suárez, por ejemplo, aunque no parece que en este caso se saliera de las reglas democráticas. O por preferir pactar con los partidarios de Porfirio Díaz a aplicar su programa social. Estados Unidos, mientras tanto, le tenía por un soñador loco incapaz de solucionar la crisis de su país. El embajador de Washington incluso profetizó que su caída iba a producirse más pronto que tarde.

4

Un cambio insuficiente

Madero, con el reconocimiento de Estados Unidos y las potencias europeas, iba a distinguirse durante sus quince meses de mandato por su política democrática en forma de libertad de expresión. Los periódicos tenían ahora oportunidad de hablar libremente y la aprovecharon para criticar ásperamente al gobierno que les había facilitado ese derecho. Al pobre presidente lo iban a crucificar atribuyéndole todos los crímenes habidos y por haber, descendiendo incluso al nivel de la grosería. En referencia a su escasa estatura, apenas metro y cuarenta y ocho, le llamaban «el enano del Tapanco». Francisco Bulnes, del antiguo grupo de los científicos y, por tanto, no precisamente afecto al nuevo régimen, se referiría a la brutalidad de estos ataques tiempo más tarde: «La prensa dirigía una campaña salvaje a favor del regicidio».

Eso era así tanto por parte de la derecha como de la izquierda. Por el lado conservador, Madero tenía en contra a los diarios porfiristas, como *La Prensa* y *La Tribuna*, y a los católicos, entre los que destacaban *El País* y *El Tiempo*. Desde el lado revolucionario, representado por *Regeneración*, de tendencia anarquista, no había menos hostilidad. Apenas dos semanas después de iniciada la presidencia, Ricardo Flores Magón titulaba uno de sus artículos con un rotundo «¡Abajo Madero!». El texto, extremadamente virulento, motejaba al presidente de «pobre enano».

Hubo quien sugirió a Madero que limitara los excesos de los diarios, pero él, por una cuestión de principios, se negó. Creía que, sin libertad, la prensa sería incapaz de cumplir con su «alta misión». Como demócrata convencido, prefería hundirse dentro de las leyes que triunfar fuera de ellas. No obstante, no era tan ingenuo ni tan puro como para permanecer con los brazos cruzados. Trató de constituir una red de periódicos favorables, encabezados por *Nueva Era*, al tiempo que intentaba neutralizar a periódicos enemigos. En la última etapa de su mandato, una ley intentó regular el sector, pero la reacción en contra forzó su retirada. Según Javier Garciadiego, la política presidencial, respecto a la prensa, pecó por su falta de decisión: «Fue ambigua, cambiante y reactiva; sobre todo, fue débil e ineficiente».

México también notó el cambio en otro aspecto: ahora se respetaba la división de poderes, de forma que el ejecutivo no condicionara las decisiones judiciales. También se dio un paso adelante en el respeto a la diversidad nacional, ya que el gobierno central no mostraba el tradicional autoritarismo hacia los gobiernos de los estados y las autoridades de los municipios.

Gustavo Adolfo Madero (1875-1913), hermano del presidente
Francisco Ignacio.

Por una vez, las riendas de México estaban en
manos de un político honesto. Aunque eso no fue
obstáculo para que se repitieran las acusaciones de
corrupción contra sus parientes, que a la postre
debilitarían profundamente su presidencia, contri-
buyendo a su caída final. Se rumoreaba que su
hermano Gustavo se hallaba metido en varios negocios poco claros. Supuestamente, había aprovechado
su posición para aprovisionar las bodegas del Palacio
Nacional y del Castillo de Chapultepec. Se decía,
también, que había hecho dinero con el amueblado
de la Secretaría de Comunicaciones.

Casi un año después de la muerte de Madero, *El
demócrata fronterizo*, un periódico de Laredo, Texas,
resumiría así una percepción extendida acerca del
líder y su entorno: «Él personalmente era un hombre
honrado y quizá un hombre de buena fe, y se creyó

que su familia, que protestaba su adhesión al general Díaz [...], no tendría el cinismo de lanzarse como bandada de vampiros sobre el desgarrado y sangriento cuerpo de la patria, para nulificar los triunfos del pueblo y transformar el Gobierno en un bazar de húngaros trashumantes».

¿Eran ciertas estas acusaciones? Todo parece indicar que se trataba de calumnias lanzadas por intereses políticos. A su muerte, Gustavo Madero no dejó ninguna fortuna que demostrara falta de integridad. Algunos años más tarde, el escritor José Vasconcelos afirmará que «ni uno solo de los parientes de Madero construyó casa propia durante el período de su gobierno».

UN PRESIDENTE EN MEDIO DEL HURACÁN

A menudo se suele presentar a Francisco Ignacio como un idealista bienintencionado, un espiritista seguidor del pacifismo de Tolstói, demasiado ingenuo –«Insoportablemente naíf a veces», en palabras de Paco Ignacio Taibo II–. Su fe sin fisuras en el pueblo sería admirable, pero poco útil para salir con bien de los peligros del poder. En ocasiones pecó, ciertamente, de un talante en exceso dubitativo cuando las circunstancias requerían una resolución inflexible.

Se le reprochó, por otra parte, que no fusilara a tiempo a unos cuantos de sus enemigos, sin comprender que los viejos métodos de la política nacional no servían para construir una democracia homologable. Pero, sin ser por completo inexacta, esta imagen, blanda, olvida que también era un político decidido a que la libertad fuera compatible con la disciplina. De otra manera, los hombres duros que sirvieron bajo su mando no le hubieran aceptado como jefe. En esa reconciliación de contrarios se hallaba el secreto de la consolidación de la democracia. No obstante, es cierto que Madero no acababa de tener talento «para el arte de la política, para la relojería de los medios y los fines». A veces le traicionaba su exceso de franqueza: decía lo que pensaba, no siempre con la necesaria reflexión, y así se ganaba enemigos poderosos y sedientos de venganza. Su inteligencia y su generosidad, tal como señaló Cumberland, no iban acompañadas de habilidad diplomática.

El nuevo período, por desgracia, iba a caracterizarse por la inestabilidad. Para empezar, porque el presidente se enemistó con varios de sus antiguos aliados, como los reyistas y los zapatistas. De ahí que los dieciséis meses de su mandato estuvieran repletos de rebeliones y complots, utilizados por sus enemigos para desprestigiarle acusándole de ser incapaz de mantener el orden. En la Baja California, por ejemplo, los anarquistas, en la denominada Expedición Filibustera, promovieron una república que fue derrotada con rapidez.

Pese a los aires de cambio, los elementos de continuidad también llamaban la atención: a veces predominaban los experimentados políticos del porfiriato sobre los de la nueva generación, inexpertos y mal organizados. Al principio, el presidente carecía de mayoría en el Congreso y en el Senado. Cuando por fin la obtuvo, en 1912, los porfiristas, que dominaban los procedimientos parlamentarios, sabían cómo posponer las iniciativas de los reformadores.

Necesitado de cuadros dirigentes, Madero mantuvo en el poder a elementos de la antigua élite, por más que las necesidades estratégicas del momento le hubieran llevado a clamar contra ellos. Al frente del Ministerio de Hacienda, por ejemplo, colocó a su tío Ernesto Madero. A su primo, Rafael L. Hernández, le dio Gobernación. Ambos habían sido leales partidarios de Porfirio Díaz y constituían, según Paco Ignacio Taibo II, el ala más blanda del maderismo.

No sin cierta razón, Zapata le acusó de «complacer a los científicos, hacendados y caciques que nos esclavizan». En esta afirmación, como en otras, lo que subyace es la desilusión de los que buscaban una ruptura radical con el pasado, en forma, por ejemplo, de una amplia purga del personal político y militar del antiguo régimen. Entre los sectores populares, muchos debieron sentirse desilusionados con una política timorata, ajena a sus intereses. En 1912, por ejemplo, la reforma electoral privó a la mayoría de ciudadanos del derecho al sufragio al establecer como requisito la capacidad de leer y escribir en español. Eso era algo fuera del alcance de las masas en un país donde predominaba el analfabetismo.

No obstante, no sería justo afirmar que el maderismo no supuso una transformación real respecto al porfiriato. Es cierto que el presidente confió en antiguos oligarcas, pero, como señala el historiador Javier Garciadiego, se dieron más cambios que supervivencias: «Los nuevos políticos representaban a otra generación y, sobre todo, tenían orígenes sociales muy distintos a los de sus predecesores». Garciadiego indica que se modificó por completo la composición del equipo ministerial, a la vez que llegaban nuevas caras en el personal político a escala regional.

En el descontento campesino, con el ansia de tierras, se mezclaba el rechazo al centralismo de los liberales. Madero, como antes Díaz, buscaba fortalecer la autoridad del Estado. Por eso, al frente de los gobiernos locales, había colocado a elementos foráneos, con la creencia de que así serían más imparciales. Eso no era lo que deseaban los campesinos, sino ser dirigidos por su propia gente y disfrutar de la autonomía necesaria para vivir a su manera. Su ideal, según Alan Knight, no era más democracia, sino el retorno a un pasado idílico y mitificado.

En el sur proliferaban las ocupaciones de fincas, para espanto de los hacendados. El periódico *El Imparcial*, en diciembre de 1911, informa de la queja de un propietario de Oaxaca, un tal Andrés Cházaro Fenochio, al que sesenta revolucionarios armados le habían desposeído de unos terrenos. Su objetivo era levantar allí un pueblo, por lo que ya ha habían iniciado la construcción de sus casas.

Por esas fechas, los indígenas de Huixcolotla, Puebla, intentaban repartirse una finca que limitaba con su localidad, perteneciente al hijo de un antiguo diputado. En esos momentos, el zapatismo se extendía por el estado mencionado y también por los de Morelos, Guerrero, Tlaxcala y México. En el norte, mientras tanto, el descontento rural también se traducía en la toma de propiedades. En Peñón Blanco, Durango, más de cinco mil personas expropiaron la hacienda de Santa Catalina.

Los indios, según el testimonio de la esposa de un ranchero que murió durante la revuelta, «cayeron en el gravísimo error de creer que el poder maderista los apoyaba y protegía para ser libres». ¿Fue error en realidad? Tal vez no. John Tutino señala que los campesinos, después de largos años sometidos a la dictadura porfirista, aprovecharon el momento en que el poder se resquebrajaba para poner sobre la mesa su propia agenda política sin el peligro de una rápida represión.

A la conflictividad agraria se sumó la de carácter urbano, ya que el movimiento obrero aprovechó para crear nuevas organizaciones y multiplicar las protestas. Surgió entonces la Casa del Obrero Mundial, una federación de sindicatos de tendencia anarquista.

Manifestación obrera durante la Revolución mexicana.

La huelga, según escribía Ricardo Flores Magón en *Regeneración*, a principios de 1912, estaba «a la orden del día en fábricas y haciendas y talleres y minas». Poco antes, en noviembre del año anterior, el citado periódico había dibujado una apoteosis revolucionaria. En Torreón se había producido un auténtico colapso: «Todas las industrias están paradas, los tranvías no se mueven, los panaderos no hacen pan, y las grandes masas huelguistas recorren la ciudad amenazando caer sobre los bancos y los grandes almacenes».

Ante tal escalada de la confrontación, las autoridades se sentían desbordadas. Si los obreros eran moderados, reclamaban aumentos de salario y jornada de ocho horas. Si eran radicales, ponían ultimátums en los que conminaban a los patronos a satisfacer sus exigencias, si no querían ver cómo lo arrasaban todo. Según *Regeneración*, las amenazas violentas tenían la virtud de convencer a los empresarios para que atendieran las demandas de los trabajadores «sin pérdida de tiempo».

Para un libertario, el desorden, el formidable caos, no significaba una amenaza sino todo lo contrario, una oportunidad. La que debían aprovechar los desheredados para deshacerse de los explotadores. La confusión, pues, constituía un paso necesario para destruir todo lo malo.

A diferencia de lo que sucedía en el pasado, los cuerpos armados ya no apoyaban incondicionalmente al capital en su conflicto con el trabajo. Los amos, en situación de debilidad, sabían que no podían permitirse el lujo de exhibir la intransigencia de otros tiempos.

La extensión de los conflictos laborales forzó al nuevo gobierno a crear el Departamento de Trabajo, con el que trató de dar respuesta a los antagonismos a través de la mediación entre las partes. A fines de

1911 y principios de 1912, el sector textil era el más conflictivo al protagonizar una huelga general en Puebla y Tlaxcala. Este fue el primero de los cuarenta y cuatro paros que se efectuaron sólo en un año.

LAS LIMITACIONES DE UN LIBERAL

El reformismo de Madero dejó insatisfecho a casi todo el mundo. A los latifundistas, por excesivo. A los campesinos, por timorato. El presidente procuró satisfacer expectativas muy dispares, una misión que, como dice Paul Garner, «requería el tacto, la habilidad y la sensibilidad de un genio de la política». Por desgracia, no era ese el caso del inexperto Madero, que carecía además del apoyo suficiente.

La crítica de los zapatistas precedía, en realidad, de un malentendido. Ellos habían visto en el presidente al artífice de grandes cambios, cuando, en realidad, su programa no iba más allá de un desarrollo capitalista en orden. Él mismo había rechazado la idea de que la revolución tuviera que resolver el programa agrario, ya que su finalidad no era esa sino conquistar la libertad de todos los mexicanos. Una vez alcanzada la libertad, las demás cuestiones se resolverían por sí solas.

Hombre moderado, Madero se decantó por una política de prudencia. Personalmente, estaba a favor de crear una clase de pequeños propietarios, pero no a costa de expropiar a los latifundistas. En una carta al periódico *El Imparcial*, publicada el 27 de junio de 1912, precisó que esta era una aspiración imposible. El Estado, incluso contratando el préstamo más formidable, carecía de recursos para comprar las haciendas y repartirlas gratis para crear pequeños propietarios. Él no había pretendido nunca tal cosa y, si había dejado de cumplir una promesa, esa era la devolución de las tierras a los que habían sido despojadas de ellas injustamente. Sin embargo, en este punto decía hallarse con un margen de actuación muy limitado. En virtud de los acuerdos de Ciudad Juárez, su gobierno tenía la obligación de reconocer como válidos los fallos de la justicia bajo la pasada administración. Por tanto, si los despojos habían sido sancionados por los tribunales, no había nada que hacer.

Para el historiador Adolfo Gilly, Madero utilizó aquí excusas de mal pagador, con una argumentación hipócrita propia de cualquier notario pueblerino. Cumberland, en cambio, le defiende al señalar que existían obstáculos legales prácticamente insalvables. El Plan de San Luis Potosí preveía revisar las arbitrariedades de los tribunales del porfiriato, pero, poco después, los juicios de la época de la dictadura se declararon legítimos.

Se puede estar en desacuerdo con la mentalidad del presidente, pero hay que reconocer que, más que hipócrita, fue consecuente con sus principios liberales. Por eso era tan contrario a hacer uso de una autoridad absoluta como al intervencionismo del Estado en la economía. No era partidario de las expropiaciones, pero sí de acabar con los latifundios poco a poco, imponiendo a los dueños elevados impuestos que les forzaran a vender. Su estrategia gradualista adolecía del severo inconveniente de necesitar tiempo, justo lo que entonces no tenía. Además, aunque el suyo no fue un reformismo fuerte, sería erróneo creer que no hizo nada a favor de un cambio en el México rural. Enrique Krauze sintetiza así su labor: «Propuso la educación agrícola, reorganizó el crédito al campo, proyectó la colonización, la conservación de recursos forestales y el deslinde y venta de tierras nacionales, y creó siete estaciones de experimentación agrícola».

Así las cosas, en lugar de plantear una lucha abierta contra los privilegiados, el jefe del Estado prefirió pactar con ellos. A ojos de los zapatistas, no dejaba de ser un político más, que con sus turbias maniobras, en lugar de romper las cadenas del pueblo, forjaba otras nuevas. Decía que se necesitaban dos décadas para solucionar la distribución de la tierra, demasiado tiempo para que los afectados, que vivían la cuestión con urgencia, aceptaran esperar de buen grado. Bajo la dictadura, los representantes de la libre empresa se habían apropiado de las tierras secularmente campesinas, en nombre del progreso de la nación, menospreciando abiertamente las tradiciones locales. Los dirigentes liberales que les habían sustituido, como apuntó John Womack, no fueron más respetuosos como el estilo de vida del estado de Morelos.

Tierra y libertad

Para desgracia de México, gentes de ideologías contrarias recurrían a la sublevación armada para defender sus intereses. Unos, los antiguos porfiristas, para recuperar sus privilegios. Entre ellos, Bernardo Reyes, quién juzgaba que nadie más tenía derecho a gobernar el país en ausencia del viejo dictador. Sin embargo, en esos momentos, Reyes era una figura desacreditada. Había dejado pasar su oportunidad al marcharse a Europa en lugar de encabezar la oposición. Por eso, su rebelión fue de muy corto recorrido y dio con sus huesos en la cárcel.

Otros, como Emiliano Zapata, se alzaron a la búsqueda de mejoras socioeconómicas. Zapata, un hombre de facciones inconfundibles, con tez morena y sus prominentes bigotes, pertenecía a una familia relativamente acomodada. Poseía su propio pedazo de tierra y un poco de ganado, por lo que nunca tuvo que trabajar de peón. Como era un magnífico domador de caballos, los terratenientes de la zona se rifaban sus servicios. Él mismo, en 1911, se describió como una persona sin problemas económicos: «Tengo mis tierras de labor y un establo, producto no de campañas políticas sino de largos años de trabajo honrado y que producen lo suficiente para vivir con mi familia desahogadamente». Dicho de otra manera: podía subsistir sin depender de nadie y estaba orgulloso de ello.

Según una historia mil veces repetida, que no podemos acreditar fehacientemente como cierta, su conciencia social nació cuando vio llorar a su padre, apenado porque les habían quitado las tierras. Cuando su progenitor le dijo que no peleaba contra los culpables, los amos, porque eran demasiado fuertes, el futuro caudillo le aseguró que el conseguiría que le devolvieran lo que era suyo.

Su papel como revolucionario iba a ser polémico. Para sus detractores, no cabía duda de que era el Atila del Sur. Martín Luis Guzmán lo llamó «apóstol de la barbarie hecha idea», receloso ante los fervores mesiánicos que suscitaba su figura. La prensa conservadora, mientras tanto, le consideraba el jefe de una banda de salteadores. *El País*, al relatar un enfrentamiento entre las tropas federales y los zapatistas en Yautepec, dijo, refiriéndose a estos últimos, que «los bandoleros en número considerable asaltaron varias fincas de campo y poblados, robando armas, caballos e imponiendo préstamos». Desde la óptica del periódico, todo se reducía a un problema de orden público. El que intentaba solucionar el gobierno con

Monumento al zapatismo
en el Museo de la Revolución del Sur, Tlaltizapán.

el envío, a través del ferrocarril, de una sección de artillería de montaña.

Los seguidores de Zapata, en cambio, veían en él al hombre más puro de la revolución, desde la admiración por su capacidad para luchar por unos principios con extraordinaria coherencia. De acuerdo con el biógrafo Ettore Pierri, en Tlaltizapán, donde tenía su cuartel general, todos le llamaban «Salvador» y «Padre», venerándole como si fuera un santo. No obstante, su santidad nada tenía en común con el ascetismo de los anarquistas europeos. Tenía que ver, más bien, con una filosofía hedonista de la vida que le hacía apreciar a las mujeres hermosas, los buenos caballos, los gallos de pelea. Estas aficiones, seguramente, sirvieron para que ganara simpatías populares antes que para lo contrario.

127

Los zapatistas reclamaban «Tierra y Libertad». En ese orden, porque entendían que sin tierra el hombre no podía ser libre, al faltarle el trabajo y el alimento. Madero, para ellos, había traicionado la causa revolucionaria. Lo suyo no era gestión, sino componenda vergonzosa. Por eso, tras contribuir a su ascenso al poder, ahora le volvían la espalda: no importaba la persona, sino los principios, sólo los principios. En nombre de los mismos rechazaban la actuación dubitativa del presidente, mientras promovían, como recambio, el Plan de Ayala, promulgado el 28 de noviembre de 1911. Este documento, la sagrada escritura del zapatismo, según John Womack, fue obra de Zapata y de un maestro de escuela, Otilio E. Montaño. A veces, se ha atribuido a Montaño la responsabilidad exclusiva, pero eso, según Adolfo Gilly, obedece a un prejuicio clasista. El de los que piensan, por su nivel educativo o social, que un simple campesino no puede ser un gran dirigente revolucionario. En realidad, la iniciativa partió de Zapata, convencido de que los suyos debían tener un proyecto por el que luchar. Así nadie podría asimilarlos con la delincuencia común. Uno de sus ayudantes, Francisco Mercado, recordaba así esta preocupación: «Siempre los ratos que platicaban el profesor Montaño con el jefe Zapata, este quería que hubiera un plan porque nos tenían por puros bandidos y come vacas y asesinos y que no peleábamos por una bandera».

El Plan estaba compuesto por quince artículos y se concebía como un instrumento para redimir a la patria de la opresión. Su horizonte, por tanto, no es local, sino estatal, a partir de un fuerte sentimiento de identificación con México, «la nación a que pertenecemos y amamos». No obstante, antes de interpretar a la ligera esta afirmación, habría que tener en cuenta la interesante distinción de Alan Knight, en el sentido de que el zapatismo era patriota pero no nacionalista.

El primer artículo consistía en una durísima requisitoria contra el presidente Madero, al que se presentaba como un traidor, un personaje débil que no había sabido llevar a buen término lo que había iniciado con el apoyo de Dios y del pueblo. Por ello, los zapatistas desconocían su autoridad y nombraban jefe de la Revolución al general Pascual Orozco. Si este no aceptaba, el cargo recaería en Emiliano Zapata.

Entre otros cambios, el plan establecía la expropiación de una tercera parte de las tierras de los poderosos, previa indemnización, para mejorar así «la falta de propiedad y prosperidad de los mexicanos». Asimismo, se devolvería a los campesinos las posesiones que les habían sido arrebatadas. Para ello, se fijaba como requisito que las comunidades o particulares despojados presentaran sus títulos de propiedades, títulos que incluso se remontaban a la época del virreinato. Los jefes militares que se opusieran a estas reformas serían considerados traidores. En ese caso, sus bienes se nacionalizarían, destinándose una tercera parte a indemnizaciones de guerra y pensiones para viudas y huérfanos.

Se ha dicho que el documento establecía un horizonte anticapitalista, pero eso es sólo una verdad a medias porque no se trataba de eliminar las haciendas, a las que se reconocía su lugar. A juicio de Gilly, la cuestión clave del Plan de Ayala tenía que ver con la falta de perspectiva nacional de las cosas: «Lo que decidía y decidió en definitiva no era la toma revolucionaria de las tierras, sino quién disponía del poder centralizado del Estado». Esta carencia, la falta de una alternativa de gobierno a nivel de todo

México, acabará convirtiéndose en un lastre decisivo para la victoria de los campesinos, prisioneros de un dilema de imposible solución. Si querían mantenerse fieles a sí mismos, el camino era permanecer ajenos al mundo urbano. Pero, sin controlar las ciudades, las esperanzas de conquistar el poder se desvanecían por completo puesto que ellos, en palabras de Alan Knight, «limitaban sus acciones al entorno rural y permitían que, aunque con dificultades, el régimen continuara». La pureza, por tanto, acababa por pasar una desmesurada factura que iba a implicar, a largo plazo, la derrota del alzamiento.

En contraste con el talante negociador de los políticos profesionales, la actitud de los zapatistas tenía más que ver con la intransigencia de los profetas evangélicos. Mientras no se eliminaran los elementos dictatoriales del antiguo porfiriato, cualquier transacción resultaría imposible. Zapata, en palabras de Pierri, «se obstinó siempre en permanecer al margen de toda conciliación». Aunque fue un jefe talentoso, parece también indudable que su inflexibilidad le jugó malas pasadas. Sabía que necesitaba apoyo exterior si quería una victoria militar y política, pero no estaba dispuesto a «pactar con traidores».

Su intención era devolver la tierra a todos los que presentaran el título de propiedad correspondiente, de manera que se pusiera fin a una situación en que la inmensa mayoría de los mexicanos sólo eran dueños del terreno que pisaban. Las expropiaciones se efectuarían con indemnización, salvo en el caso de los contrarrevolucionarios. Por otra parte, para garantizar el apoyo popular, se evitaría el sacrificio del ganado de la gente pobre. Quien incumpliera esta norma incurriría en un grave delito.

De lo que se trataba, en suma, era de construir un régimen en el que todo el mundo posee su propia tierra y comida en abundancia. El sufrimiento del pueblo ha desaparecido por fin.

Zapatismo es sinónimo de democracia, a veces tan radical que la disciplina en el combate se resiente y surgen fuertes divisiones internas, ya que todo el mundo se considera legitimado para formular una crítica por descabellada que sea. En consecuencia, los ajustes de cuentas son a veces feroces. Zapatismo significa también rechazo de lo foráneo. Aquel que viste pantalones, y no calzones, como hacen los campesinos de la tierra, resulta por definición sospechoso. Tal vez pueda ser una espía. De esta forma se acentúa el aislamiento de unos rebeldes a los que interesa bien poco lo que sucede en el resto del país. La agricultura que practican, de subsistencia, favorece esta actitud.

La lucha del Ejército Libertador del Sur, de baja intensidad, se basaba en el clásico método de cualquier guerrilla: atacar por sorpresa a un enemigo superior y escapar para evitar represalias. Grupos de entre doscientos y trescientos hombres dedicaban una parte del tiempo a combatir, otra a labrar la tierra y a recoger la cosecha.

Las mujeres no permanecieron ajenas a esta lucha. En Puente de Ixtla, una antigua vendedora de tortillas, apodada la China, encabezó un batallón femenino en el que las viudas, las hijas y las hermanas de los zapatistas se dedicaron a vengar a sus muertos. Se convirtieron en una fuerza temible, capaz de sembrar el terror en el distrito de Tetecala. Según John Womack, hasta Genovevo de la O, el famoso caudillo revolucionario, «trataba a la China con respeto».

No fue la única mujer en tomar las armas dentro del zapatismo. La coronel Rosa Bobadilla, por ejemplo, mandaba un grupo de doscientos hombres e intervino en más de ciento cincuenta combates.

Emiliano Zapata Salazar (1879-1919), en el centro,
rodeado de sus colaboradores. Junio de 1911.

Juana Belén Gutiérrez de Mendoza, una maestra socialista, y María Esperanza Chavira alcanzaron idéntica graduación. Otras, mientras tanto, rindieron considerables servicios como espías, caso de Ángela Gómez Saldaña.

LA OFENSIVA DEL GOBIERNO

Madero exigió a Zapata que se rindiera y se marchase al exilio, pero la respuesta del líder campesino a su enviado fue airada: «Dígale que él (y no yo) se vaya para La Habana porque, de lo contrario, ya puede ir contando los días que corren, pues dentro de un mes estaré en México con veinte mil hombres y he de tener el gusto de llegar hasta Chapultepec y colgarlo de uno de los sabinos más altos del bosque».

El presidente, en este como en otros casos, no supo cómo imponer su autoridad de un modo indiscutible. Para él, los campesinos de Morelos, con sus «rudas inteligencias», se habían entregado a un socialismo amorfo que por fuerza tenía que desembocar en un «vandalismo siniestro». Su primera reacción fue enviar al sur al general Juvencio Robles, quien ensayó una estrategia de dureza que incluía la destrucción de pueblos y cosechas sin contemplaciones, o el confinamiento de supuestos rebeldes en campos de concentración. Tampoco tuvo escrúpulos a la hora de apresar como rehenes a la hermana, a la suegra y a dos cuñadas de Zapata. Para la prensa conservadora, ese era el camino a seguir. *El Imparcial*, por ejemplo, habló de una «guerra de exterminio contra los zapatistas».

Tanta violencia, en lugar de apaciguar los ánimos, sólo consiguió exacerbarlos. Madero trató de variar el rumbo y mostrarse más conciliador con los alzados, sustituyendo a Robles por Felipe Ángeles, un capacitado militar de carrera que, sin renunciar a utilizar la fuerza, evitó la violencia extrema de su predecesor. Se proponía imponerse por medios básicamente políticos a unos zapatistas a los que calificaba de bandidos, en referencia a métodos violentos como el descarrilamiento de trenes. No obstante, llegó a sentir hacia ellos cierta comprensión. Creía que sus motivos para rebelarse entraban dentro de lo justificable, en tanto que protestaban contra la opresión que sufrían los desheredados a manos de los poderosos. Otro asunto era la falta de idoneidad de su programa, sobre todo si se trataba de aplicarlo a todo México.

Su táctica tuvo cierto éxito, al conseguir que el gobierno dejara de aparecer ante los campesinos como la encarnación de la fuerza bruta. Se ocupó, por ejemplo, de reconstruir varias localidades. Mientras tanto, los opositores del presidente, partidarios de la línea dura, le criticaban por demasiado contemporizador. Un periódico, *El Ahuizote*, diría burlonamente que Ángeles trataba de combatir a los rebeldes «por medio del Apostolado de la Oración».

Mucho más violenta que la rebelión de Zapata resultó la de Pascual Orozco, un prominente maderista, de tal empuje que llegó a parecer factible su victoria sobre las fuerzas gubernamentales. Los rebeldes, soldados experimentados en la lucha contra el porfirismo, controlaron el estado de Chihuahua y amplias zonas en Durango, Zacatecas, Coahuila o Sonora. Su territorio, por tanto, era mucho mayor que el dominado por los zapatistas.

Los orozquistas criticaban la excesiva lentitud de las reformas del gobierno. Ellos habían contribuido a que Madero ascendiera al poder, pero no veían que las compensaciones se ajustaran a sus expectativas. Querían tierras y las querían ya. Existía, por otra

El general Felipe Ángeles (izquierda), militar de Academia,
reprimió el zapatismo sin dejar de simpatizar con sus
aspiraciones.

parte, un componente de resentimiento personal. Orozco se había presentado para gobernador de Chihuahua, pero Madero le había forzado a retirar su candidatura. Sacó entonces la conclusión de que el presidente mentía cuando hablaba de democracia. Sin embargo, sus esperanzas se fueron al traste cuando el general Victoriano Huerta venció a sus partidarios en Rellano, el 27 de mayo de 1911.

Desde el punto de vista del gobierno, la solución fue peor que la enfermedad. La rebelión había provocado una situación caótica que había desacreditado profundamente a las autoridades, a las que el triunfo de Huerta no devolvió el prestigio perdido. El ejército federal, ahora victorioso, constituía una amenaza aún mayor, tanto por su renovada fuerza política como su fidelidad dudosa a Madero, en una situación difícil para imponer su autoridad sobre los militares ya que estaba en deuda con ellos.

VILLA, ¿BANDIDO O HÉROE?

¿Qué sucedía, mientras tanto, en el norte? Allí, al contrario que en Morelos, no predominan los indígenas sino los mestizos. Si un líder destacó, ese fue Pancho Villa, un líder semianalfabeto, carismático y audaz, que acabaría convirtiéndose en el jefe del mayor ejército revolucionario de la historia de América Latina. Según Friedrich Katz, su mejor estudioso, fue una mezcla de revolucionario social, por sus objetivos, y caudillo del siglo XIX, por su manera de ejercer el poder, no basada en una organización política sino en la relación patrón-cliente.

Villa comenzó su carrera como bandolero, se dice que tras matar al hombre que había forzado a su hermana, pero la historia posee múltiples variantes.

¿Quién fue la víctima de la venganza? ¿El patrón de una hacienda? ¿Su hijo? ¿Un funcionario gubernamental? ¿Murió o quedó solamente herido? John Reed creía que el verdadero motivo de la muerte no había sido la supuesta violación, sino «la insoportable altanería de Villa». Según el periodista, lo realmente grave no fue ese asesinato sino el hecho de atreverse, ya fugitivo, a robar ganado a unos ricos. Ello lo habría situado, definitivamente, al otro lado de la ley.

No es posible arrojar una luz definitiva en este punto. Para el historiador Jesús Vargas, Villa se inventó la historia. Si realmente hubiera atacado a un poderoso, en los archivos quedaría constancia documental. Paco Ignacio Taibo II, en cambio, cree que la falta de rastros escritos tiene perfecta explicación. En su opinión, es posible que el hacendado, al verse humillado por un don nadie, no quisiera denunciar el caso: «no dejaba bien parado a un latifundista que un peón adolescente lo hubiera tiroteado y herido por andar persiguiendo a una chamaquita de doce años».

Tal vez lo importante de la historia no sea su carácter verdadero sino su verosimilitud. Resultaba creíble para cualquier oyente, acostumbrado a un mundo en el que los poderosos abusaban sexualmente de las mujeres de clase baja con total impunidad. Alan Knight habla de la existencia de un derecho de pernada del que pueden ofrecerse muchos ejemplos, en los que un jefe, como expresión de su poder, elige a las muchachas de su gusto sin que importe la edad. Este tipo de comportamiento suscitará odios y, como en el caso de Villa, provocará nuevas violencias. Un carnicero llamado Lino Muñoz, de Progreso, un pueblo de Yucatán, se rebeló con cincuenta hombres contra el coronel José María Ceballos, después de que este intentara propasarse con su hija. Lo capturó y lo hizo fusilar. Su caso nos da a entender que la venganza privada constituía un modo socialmente admitido de zanjar las cuestiones relativas a la honra, sobre todo cuando la virginidad de una hija o de una hermana estaba en juego.

Sobre la vida de Villa como forajido es imposible decir gran cosa exactitud. Sí podemos afirmar que no tuvo nada que ver con el mito de Robin Hood, como quiere la leyenda. Un biógrafo que le es abiertamente favorable, Paco Ignacio Taibo II, lo admite sin reservas: «En sus acciones hubo poca generosidad hacia los pueblos; robó a los hacendados, pero no los confrontó; mató rurales, pero no organizó su destrucción; robó a los ricos, pero pocas veces para entregar a los pobres».

En 1910, el estallido de la revolución lo transformó en un luchador político, partidario incondicional del presidente Madero. Ahora tenía la ventaja de que podía seguir robando y matando, sólo que al servicio de una causa noble. Según Alan Knight, cambió de título pero no de ocupación. Otros no comparten este juicio, convencidos de que Villa se tomó muy en serio su nuevo papel como justiciero social.

Al frente de su propia tropa, el antiguo bandido vio cómo las victorias empezaban a sucederse. Era un jefe militar estricto, con pocas contemplaciones a la hora de imponer disciplina, proclive a dejarse llevar por los impulsos del corazón tanto en lo bueno como en lo malo. Un personaje de *Los de abajo* le presenta como una especie de doctor Jekyll y Mister Hyde: «Si usted le cae bien a mi general Villa, le regala una hacienda; pero si le choca…, ¡no más lo manda fusilar!».

A veces, su talente en exceso autoritario le hacía demasiado vulnerable a la adulación. Raro era quien, como el general Ángeles, se atrevía a contrariar alguna de sus opiniones por disparatada que fuera. No obstante, contaba con la lealtad incondicional de los suyos, sobre todo porque compartía sus mismas penalidades y conocía a sus muchachitos por su nombre. Sabía ejercer la autoridad, sin duda. Obedecer, en cambio, se le daba mucho peor. Excelente tirador, amaba las peleas de gallos y, sobre todo, a las mujeres. Se cuenta que llegó a tener unas setenta y cinco. El matrimonio, para él, no iba más allá de una formalidad con la que el hombre transigía para contentar a la mujer, pero no obligaba realmente a nada. Según Reed, la pluralidad de compañeras era lo habitual entre los peones de la época, en un ambiente donde las bodas por la Iglesia no significaban más que un dispendio inútil.

Todo en Villa parecía excesivo, tanto los defectos como las cualidades, sobre todo el valor y el desprendimiento. Personaje de contrastes, podía ser implacable y sensible, como si fuera dos personas en una. La biógrafa Margarita de Orellana nos dice que era capaz de llorar con la misma facilidad que mataba a alguien a sangre fría.

Sus filas se nutrían de obreros de las minas, jornaleros o desempleados, pero también de campesinos que poco tenían que ver con los sin tierra del sur. Eran descendientes de los colonizadores que se habían establecido en el norte, a cambio de parcelas que debían proteger con su vida frente a las incursiones de los apaches y otras tribus indias. Por eso mismo, se trataba de gente con buena preparación en el uso de las armas, cohesionada por la conciencia de representar a la civilización frente a los bárbaros.

En un principio, ellos y los terratenientes habían combatido juntos a los indios. Una vez victoriosos, los hacendados rompieron la alianza y procuraron

apoderarse de unos terrenos que se habían revalori-
zado mucho con la llegada del ferrocarril. El gobierno,
con sus cambios legislativos, había facilitado sus
pretensiones. Se produjo así un efecto devastador
entre los campesinos afectados. Los de Namiquipa,
en 1908, escribieron a Porfirio Díaz para expresarle
su desesperación: «Nos sentimos profundamente
preocupados por el hecho de que las tierras que
consideramos nuestras, ya que las recibimos de nuestros padres y las trabajamos con nuestras manos,
ahora están pasando a otras manos». Si el presidente
no hacía nada para remediarlo, no les quedaría más
remedio que abandonar su hogar ya que carecían de
medios para conservar sus propiedades.

Como el Estado no atendió a sus demandas,
estos colonos se incorporaron con entusiasmo a la
revolución, apenas dos años después. En ese tiempo,
su situación no había hecho más que empeorar. El
mal tiempo hizo que las cosechas fueran, más que
malas, desastrosas. En un caso así, la salida tradicional para un campesino era marcharse a Estados
Unidos a trabajar en las minas, pero la recesión en
el país vecino había supuesto el cierre de muchas
empresas. Cruzar la frontera había dejado de ser la
solución para el desempleo.

En lugar de ayudar, el gobierno de Porfirio Díaz
aumentó los impuestos. Friedrich Katz explica que se
produjo un sangrante agravio comparativo: Los agricultores humildes veían cómo se disparaba la presión
fiscal mientras los poderosos hacendados continuaban sin contribuir al erario público.

Al igual que Zapata, Villa pretendía propor-
cionar tierra a los desposeídos. No obstante, su
compromiso con la reforma agraria era mucho menos
intenso. Algo lógico, si se tiene en cuenta que operaba
en un territorio, Chihuahua, donde la mayoría de la

Pancho Villa a caballo. El Centauro del Norte
era un excelente jinete.

población, un sesenta por ciento, se concentraba en las ciudades, a diferencia de lo que sucedía en el sur. En consecuencia, si hubiera intentado una reforma al estilo de los zapatistas, se hubiera estrellado contra la falta de una mayoría social que le respaldara.

No aspiraba, por tanto, a restituir el uso colectivo de la propiedad sino a constituir una clase de pequeños agricultores, una vez divididas las haciendas. No obstante, el objetivo inmediato fue mucho más modesto. Las expropiaciones a varios de los grandes propietarios de Chihuahua, en 1913, pretendían obtener recursos, en primer lugar, para equipar y pagar las tropas. Villa consiguió así fortalecer el ejército con el que derrotaría a Huerta. En segundo lugar, el dinero obtenido se utilizó para satisfacer las pensiones de las viudas y los huérfanos de los muertos por la revolución, así como a otros fines sociales.

Las confiscaciones, pues, constituían un recurso de urgencia con el que satisfacer necesidades a corto plazo, aunque, más que unas políticas coherentes, se ponían en práctica medidas caprichosas, que dependían de los arranques de generosidad del caudillo y su sentido personal de la justicia. Villa se preocupaba, por ejemplo, de que los niños pobres estuvieran bien alimentados.

Las fincas se entregaban a administradores de confianza, pero sin efectuar reformas que dieran más protagonismo a los campesinos y mejoraran sus condiciones de trabajo y de vida. Como señala Katz, no se dieron cambios revolucionarios. En algunos casos, las tierras se pusieron en manos de arrendatarios adinerados que, a su vez, las subarrendaron. No obstante, la realidad presenta importantes variaciones locales. En La Laguna, al contrario que en Chihuahua, sí encontramos aparceros pobres a los que se arrendaban directamente los terrenos expropiados.

En la Ley General Agraria de 1915, Villa proclamó que la concentración de grandes extensiones en pocas manos resultaba incompatible con la paz y la prosperidad de la república. Su existencia significaba que muchos terrenos eran mal cultivados, lo que redundaba en una producción agrícola insuficiente para las necesidades de la población. Para remediar esta situación, los gobiernos regionales debían fijar la máxima superficie que podía poseer una sola persona. Se podría hacer una excepción en el caso de empresas agrícolas que favorecieran el desarrollo económico, siempre que su titularidad fuera mexicana y las tierras se fraccionaran dentro de los seis años siguientes.

En la práctica, la actuación de Villa como reformador social presentó muchas limitaciones, por lo que es exagerado presentarle como una especie de Robin Hood mexicano. Fundamentalmente, porque el reparto de tierra quedó subordinado a las necesidades bélicas: primero había que ganar la guerra. Como la guerra se perdió, los buenos propósitos y el poder para hacerlos realidad quedaron en nada. Eran los soldados, no los campesinos, la primera preocupación de Pancho Villa. Era partidario, como dijo en cierta ocasión, de darle «las tierritas al pueblo», pero conocía perfectamente el peligro de efectuar una reforma agraria antes de tiempo. En ese caso, el ejército vería reducida su eficacia, ya que sus hombres tendrían preocupaciones distintas a las de combatir, y además se quedaría sin ingresos con los que abastecerse de armas y pertrechos en Estados Unidos. Por otro lado, Villa ejerció su poder de un modo muchas veces arbitrario, de forma que los más favorecidos fueron sus amigos, que se instalaron en sus fincas donde llevaron una vida de señores semifeudales. Por todo ello, puede decirse, como hace Alan Knight, que el villismo, a excepción del mito de su líder, dejó una huella escasa. Todo lo contrario que el zapatismo en Morelos.

Pero, con ser importante, el de la tierra no era el único problema que preocupaba al Centauro del Norte. Seguramente por su falta de instrucción formal, estaba muy preocupado por la creación de nuevas escuelas. «Creía que la tierra para el pueblo y las escuelas resolverían todos los problemas de la civilización», escribió John Reed en *México insurgente*.

Sin duda, Villa abrigaba algunas intenciones positivas, pero carecía de una línea política clara y con frecuencia se dejaba llevar por sus impulsos. Sus criterios no eran tanto ideológicos como personales: castigar a los enemigos, recompensar a los amigos. Podía perseguir a una familia como los Terrazas, por ser latifundistas, pero en cambio respetaba a otro clan igualmente poderoso, el de los Zuloaga, por estar emparentado con el presidente Madero. Su táctica era aliarse con el poder local, sin tener en cuenta la procedencia y los objetivos de este poder. Otro, en su lugar, hubiera colocado a sus partidarios en los puestos clave. Él, sin embargo, no hizo ese esfuerzo. Formó, por el contrario, un conglomerado en el que cabía prácticamente todo, desde católicos a latifundistas, desde mercenarios a caudillos campesinos, siempre que respetaran su autoridad. El problema era cómo ejercerla fuera de su territorio natal de Chihuahua-Durango, cuando el desconocimiento de las realidades regionales le privaba de puntos de referencia. Muchos se declaraban villistas, pero esta era una etiqueta superficial que a menudo no iba más allá del anticarrancismo.

Un genio de la publicidad

Si Pancho Villa tenía un talón de Aquiles, era la vanidad. Por eso le encantaba acaparar protagonismo. En una magistral jugada de autopromoción, llegó a un acuerdo con una compañía cinematográfica, la Mutual Film Corporation, para que filmara sus batallas. De ahí que, por necesidades de la gran pantalla, los combates tuvieran que realizarse a plena luz del día. Como se trataba de un contrato de exclusividad, ningún cámara de otra empresa tenía permitido el acceso. Si el rodaje salía mal, el Centauro se obligaba a representar la lucha para que las escenas teatrales sustituyeran a las de la vida real. Por otra parte, llegó a plantearse una película sobre su biografía. El director iba a ser D. W. Griffith, pero en esos momentos estaba demasiado ocupado con *El nacimiento de una nación*. Por eso se limitó a intervenir en la producción de *The Life of General Villa* (1914), que sería filmada por Christy Cabanne. Villa hizo de sí mismo y Raoul Walsh, el conocido actor, le interpretó durante su etapa de juventud.

5

Todos contra Huerta

Madero se creyó consolidado al vencer, aunque no fuera por completo, a todos los rebeldes. Fue un exceso de confianza fatal: sus enemigos estaban cada día más crecidos, tanto en el parlamento, donde se le criticaba ásperamente, como fuera de él. Se hablaba incluso de la caída del presidente, entre comentarios aprobatorios sobre la posibilidad de que fuera asesinado. El embajador estadounidense, Henry Lane Wilson, conspiraba en su contra, decidido a no permitir que prosperara un pequeño impuesto a las compañías petroleras, mientras su país movilizaba miles de hombres en la frontera.

Tras la fallida rebelión de Reyes, las sublevaciones contra el gobierno se sucedieron. El primero en intentar tomar el poder fue el general Félix Díaz, conocido como «El sobrino de su tío», en alusión a que no tenía más mérito que su parentesco con

Porfirio Díaz, el antiguo dictador. No se proponía más que «reivindicar el honor del ejército pisoteado por Madero». Falló y enseguida acabó con sus huesos en la cárcel. Madero meditó sobre la necesidad de fusilarlo, pero, por su respeto escrupuloso al poder judicial, no quiso tomar esa decisión. Sus enemigos, sin embargo, no se lo perdonaron: le ridiculizaron tachándole de débil. ¿Cómo esperaba imponer su autoridad un líder que renunciaba al castigo?

Un periódico maderista, *Defensa del Pueblo*, advirtió a comienzos de 1913 de lo que se venía encima: en el ejército se incubaba un cuartelazo, destinado a detener al presidente. Eso fue exactamente lo que terminó sucediendo: un general de artillería, Manuel Mondragón, dirigió el golpe. Estaba previsto que Reyes fuera el nuevo ocupante del sillón presidencial, pero sólo transitoriamente, hasta que Díaz accediera al cargo. Sin embargo, Reyes murió durante los combates, el 9 de febrero de 1913, fecha en la que empezó la denominada Decena Trágica, el período de diez días que culminaría con el derrocamiento de Madero. Díaz, por su parte, corrió a refugiarse en la Ciudadela, el arsenal situado al sur de México D.F.

Aunque todos los datos indicaban que el general Victoriano Huerta se hallaba implicado en el pronunciamiento, Madero lo puso al frente de las fuerzas que sitiaban a los golpistas. Fue un error fatal. Fatal y prácticamente incomprensible, porque Huerta había dado pruebas más que sobradas de su desafección. En septiembre de 1912, tras emborracharse en una cantina de Juárez, había alardeado de que él podía presentarse en Ciudad de México, con veintisiete mil hombres, para dar un golpe de Estado. En lugar de castigarle, el presidente lo ascendió a general de división, convencido de que así aplacaría sus ambiciones.

Creyó, equivocadamente, que aplastaría la rebelión, tal como había hecho antes con la de Orozco. No tuvo miedo porque en esta ocasión se trataba, aparentemente, de acabar con los últimos coletazos de un golpe que parecía a todas luces fracasado.

En lugar de cumplir con su deber, Huerta dirigió el asedio de la Ciudadela con deliberada ineptitud, de forma que su artillería, si hizo algún blanco, fue en los inmuebles de los alrededores. Mientras tanto, no tenía ningún escrúpulo en enviar al matadero cuantos hombres hicieran falta, lanzándolos a pecho descubierto contra los nidos de ametralladoras. Según el general Ángeles, su forma de dirigir las operaciones resultaba sospechosa por lo disparatada. Pero no había ningún error en su estrategia sino un objetivo muy claro: diezmar a las tropas leales al gobierno para que los soldados de fidelidad huertista acabaran haciéndose con el control de la capital. De esta forma, como señala Javier Garciadiego, él se fue haciendo cada vez más poderoso mientras el presidente se convertía en «un rey prisionero en su propio palacio».

El embajador estadounidense aprovechó la situación para intrigar con vistas a conseguir la dimisión del presidente, con la excusa de salvar vidas civiles. Según confesó a su colega alemán, Von Hintze, pensaba recomendar a la Casa Blanca que reconociera «cualquier gobierno que sea capaz de restablecer la paz y el orden en lugar del gobierno del señor Madero».

Pese a las formidables presiones, Madero se negó a dimitir. Estaba seguro de la victoria de su causa, como le dijo a su amigo José Vasconcelos: «Tenemos que triunfar porque representamos el bien».

Si hubiera hecho bien las cosas, sus deseos se habrían cumplido. El destino de la conspiración no era inexorable: Todo pudo cambiar cuando el hermano del presidente, Gustavo, descubrió por casualidad los manejos de Huerta y lo hizo detener. El general lo negó todo y pidió veinticuatro horas para demostrar su lealtad con la derrota de los golpistas. Por algún motivo, Madero le hizo caso y le puso en libertad. ¿Qué le movió a negar la evidencia? ¿Algún tipo de razón mística sobre el amor a los enemigos?

Como era de esperar, Huerta se apresuró a llevar a cabo sus planes. Invitó a Gustavo a desayunar, asegurándole que iba a tomar rápidamente la Ciudadela, pero lo que hizo fue entregarlo a los alzados. Lo que siguió fue una escena dantesca, en la que el prisionero fue asesinado salvajemente. Su ojo de vidrio pasó de mano en mano, como si fuera un trofeo de caza.

Madero, mientras tanto, también pierde la libertad. Henry Lane Wilson mueve los hilos para concertar, entre Huerta y Díaz, el Pacto de la Embajada, por el que ambos se comprometen a ocupar la presidencia sucesivamente. Para evitar un baño de sangre, el mandatario legítimo dimite con el beneplácito del parlamento, que se hace así cómplice del atentado contra la legalidad. En esos momentos, hundido anímicamente, sólo tiene reproches para sí mismo, culpándose de no haber sabido aguantar en el poder. Sabe que ya es tarde para todo y que no va salir con vida. Poco después, el apóstol de la democracia caería asesinado junto a su vicepresidente, Pino Suárez. Era el 22 de febrero de 1913.

Los golpistas aseguraron que había muerto mientras sus partidarios intentaban su liberación. Era una mentira burda, ya que nadie más sufrió heridas y las víctimas presentaban disparos a quemarropa.

La resistencia a favor del gobierno caído fue tímida. Es más, en la capital predominó el sentimiento de alegría, en parte por el regreso a la normalidad tras diez días de combates, en parte por los muchos enemigos que tenía el gobernante depuesto. Entre la clase alta, más de uno brindó con champán, confiado en que iban a regresar los tranquilos días del porfiriato. Mientras tanto, los partidarios de Félix Díaz se dedicaban a matar maderistas a sus anchas. Entre los que protestaron se hallaba una mujer, María Arias. Algún tiempo después, tras visitar la tumba de Madero, el general Obregón le regalaría su pistola a modo de homenaje: «Entrego mi pistola a María Arias, el único hombre que hubo en Ciudad de México cuando el cuartelazo de Huerta».

Desde la extrema izquierda, *Regeneración* no expresó ningún pesar por el magnicidio sino todo lo contrario. El periódico magonista, con una extraordinaria agresividad, calificaba a Madero de bandido sanguinario que acababa de «caer del puesto de primer verdugo». El que le había reemplazado, Huerta, no era mejor sino un Nerón moderno, «la nueva bestia». El pueblo nada ganaba con cambios meramente políticos, sin ninguna incidencia sobre su situación de explotación. En lugar de preocuparse por quién ocupaba el sillón presidencial, ya que todos eran iguales, los trabajadores tenían que aprovechar aquellos «hermosos momentos de confusión» para apoderarse de los medios de producción, es decir, de la tierra, de la maquinaria y de los instrumentos de labranza.

OTRO GENERAL EN EL PODER

Se ha dicho que el fracaso de Madero fue más el de una nación que el de un hombre. Todos creían saber dónde estaba la raíz de los problemas, pero se limitaban a criticar sin exponer un programa concreto de reformas. La oligarquía se opuso egoístamente a todo

El general Victoriano Huerta, el villano por excelencia de la
Revolución mexicana.

cambio, con lo que sólo provocó que la situación se volviera más y más explosiva.

Huerta se convirtió en presidente interino, con el compromiso de que Díaz le sucediera en cuanto se celebraran elecciones. Sin embargo, enseguida retrasó los comicios con pretextos. No estaba dispuesto a ceder el poder.

Como típico militar que despreciaba a los políticos, sus maneras fueron profundamente autoritarias. Su idea del arte de gobernar, lejos de cualquier sutileza, consistía en «saber a quién usar y por cuánto tiempo». Por este camino, lo que consiguió fue alcanzar el estatus de personaje más impopular de su época, al que se odiaba visceralmente como no se había odiado, por ejemplo, a Porfirio Díaz. De ahí que los historiadores tiendan a castigarlo con el olvido, cuando no con la condena absoluta. Según el biógrafo Frank McLynn, su obsesión por el poder absoluto y su estupidez autodestructiva empujaron al fracaso a un régimen que pudo haber tenido éxito si hubiera sabido conciliar a todas las facciones.

Para muchos, Huerta representa la viva imagen de la contrarrevolución, en tanto que militar reaccionario que pretendía volver a tiempos pasados. Se le ha comparado, por ello, con el ruso Kornílov. También con el inglés Oliver Cromwell, en el sentido de que la oligarquía vio en él a su hombre de hierro. Michael C. Meyer, sin embargo, le reivindicó con un retrato en el que acentuaba su perfil progresista. En su opinión, su política se identificaba plenamente con los objetivos revolucionarios: reforma agraria, nacionalismo, indigenismo, protección al trabajo… Según Meyer, una prueba de que Huerta no sería el diablo se encontraría en la generosidad del presupuesto educativo; un 9,9 % del gasto total frente al 7,3 % de Madero. Alan Knight, sin embargo, aduce que un proyecto de presupuesto no nos informa del desembolso real, sobre todo teniendo en cuenta que en aquellos momentos se había disparado la partida destinada al ejército. El presidente, de cara a la galería, dejaba que sus ministros plantearan reformas avanzadas que él no tenía intención de llegar a materializar en algún momento.

Josefina Mac Gregor, por su parte, defiende una vía media: no nos encontraríamos ante un restauracionista, ni ante un revolucionario. Su régimen habría copiado los métodos dictatoriales del pasado a la vez que mostraba una inquietud por dar respuesta a los graves problemas de la sociedad mexicana.

¿Quién fue, en definitiva, Victoriano Huerta? Para sus enemigos, un indio astuto en el peor sentido de la palabra. Hijo de un mestizo y de una india huichola, orgulloso de su identidad étnica, destacó como militar de carrera, competente pero muy propenso a saltarse los canales jerárquicos. Muy capaz, también, de fusilar a cuanta gente hiciera falta en sus acciones represivas. Tenía, sin embargo, una importante debilidad, la vida disoluta y los excesos con la bebida y las drogas, a los que aludía el mítico corrido *La cucaracha*, título que parodiaba el aspecto de Huerta cuando vestía el negro de la levita: «La cucaracha, la cucaracha, ya no puede caminar, porque no tiene, porque le falta, marihuana *pa* quemar».

En palabras de su ministro de Instrucción Pública, Vera Estañol, fue un alcohólico empedernido que alternaba períodos de abulia y ofuscación. Silva-Herzog, en *su Breve Historia de la Revolución Mexicana*, también le reprocha su ebriedad. Según informó a su gobierno el embajador alemán, Paul von Hintze, acostumbraba a celebrar las reuniones de su gabinete en «tabernas y restaurantes». Disponía así de la ventaja de estar ilocalizable, con lo que cualquier aspirante a cometer un magnicidio lo tenía más difícil.

Nadie podía negar que era un usurpador que había accedido al poder por medios ilegales. Por eso se organizó una farsa destinada a guardar las formas: Pedro Lascuráin, durante los pocos minutos en que ejerció la presidencia, le nombró Secretario de Gobernación. Después presentó su renuncia, de forma que Huerta se convirtiera en el nuevo gobernante con una apariencia de legitimidad, por precaria que fuera.

EL PESO DE LA REPRESIÓN

Ya que el maderismo parecía muerto y enterrado, el huertismo se benefició de los tránsfugas, de manera que al principio gozó de un amplio apoyo. Lo respaldaban las fuerzas armadas, los hacendados y los empresarios esperanzados con las brillantes perspectivas que parecían abrirse para el mundo de los negocios. A nivel internacional, destacó el mensaje de felicitación del Vaticano, que haría un daño formidable a la Iglesia al dar la imagen de que estaba del lado de los golpistas, algo que contribuirá a justificar más tarde las persecuciones anticlericales.

El triunfo de Huerta, sin embargo, no representaba un cambio político, sino una mera disputa entre facciones enfrentadas. En la práctica, el nuevo hombre fuerte continuó con la línea maderista en las cuestiones económicas. En cambio, aplicó una política de represión despiadada contra los disidentes. Como el caso del senador Belisario Domínguez que intentó pronunciar en la Cámara un discurso crítico. Como no se lo permitieron, lo llevó al papel gracias a una mujer, que tuvo el valor del que carecieron unos

El senador Belisario Domínguez. Murió asesinado por denunciar
la tiranía de Huerta.

impresores asustados. En el texto denunciaba al presidente por haber asesinado cobardemente a Madero
y por no lograr la pacificación del país, sumido en
una espiral creciente de violencia. El Congreso, por
tanto, debía deponer al «soldado sanguinario y feroz»
que dirigía el gobierno.

Domínguez pagó caro su atrevimiento: dos agentes de la policía secreta se lo llevaron de su hotel y lo mataron. Cuando el Congreso intentó protestar por el crimen, Huerta ordenó su clausura, acusando a los parlamentarios de pretender apropiarse de las funciones del ejecutivo, y convocó elecciones que se celebraron sin ninguna garantía.

Dos diputados, Serapio Rendón y Adolfo Gurrión, también fueron eliminados. Lo mismo que otros maderistas, como el gobernador de Chihuahua, Abraham González, o el general Gabriel Hernández. Según Meyer, Huerta no fue más cruel que los mandatarios que le sucedieron. Tal vez, pero no hay duda de que sabía ser implacable. Respecto a los zapatistas, que le consideraban «mucho peor que Madero», su política fue igualmente de mano dura: merecían, en su opinión, que los ahorcaran con una soga de dieciocho centavos. Para combatirlos, repuso en su cargo al general Juvencio Robles, quién volvió a combatir a los insurgentes con su estilo implacable, sin «femeniles contemplaciones». La brutalidad, sin embargo, no se tradujo en resultados militares. Los zapatistas resistieron.

Los trabajadores de la Casa del Obrero Mundial también alzaron su voz contra el gobierno, aunque este se había mostrado permisivo con los sindicatos para hacerse con el apoyo de los trabajadores. El 1 de mayo de 1913, los anarquistas celebraron la primera manifestación mexicana para celebrar el Día Internacional del Trabajo. Fue precisamente ese día cuando uno de los invitados, el abogado Isidro Fabela, pronunció un discurso oposicionista en el que atacó a los privilegiados. Enseguida tuvo que ocultarse para eludir la persecución de las autoridades.

La alternativa de Carranza

El régimen contaba con el control de dos tercios del país y todos los puertos de mar, así como de un amplio respaldo popular por su actitud contraria a los norteamericanos. Sin embargo, no tardó en desintegrarse ante el acoso militar de sus enemigos, los constitucionalistas, que le reprochaban su acceso al poder por medios ilegales. Su jefe era el gobernador de Coahuila, Venustiano Carranza, un rico propietario que planteaba la revolución, al igual que Madero, en términos políticos, aunque no desconocía la necesidad de efectuar cambios sociales. Pronto iba a convertirse en una figura capaz de suscitar valoraciones encontradas. Así, para John Reed, era un aristócrata generoso que había dejado sus privilegios por la revolución, a la manera del galo La Fayette. Si por algo sobresalía, era por su rectitud y sus altos ideales. Martín Luis Guzmán, en cambio, lo veía como una mezcla de Porfirio Díaz y de Benito Juárez, un hombre de carácter despótico, dado a rodearse de aduladores. Por su parte, el español Vicente Blasco Ibáñez le describía como un «antiguo hidalgo del campo» con «todas las marrullerías de los propietarios rústicos y las malicias de los políticos provincianos». No obstante, resultaba simpático y poseía «nobles ademanes».

El 26 de marzo de 1913, los constitucionalistas dieron a conocer el Plan de Guadalupe, por el que desconocían a Huerta como presidente de la república, a los poderes legislativo y judicial, así como a cualquier gobierno regional que permaneciera del lado del gobierno federal. Una vez conseguida la victoria, Carranza asumiría la presidencia de forma interina, convocaría elecciones y entregaría el poder al vencedor.

Los promotores del plan deseaban incluir cambios sociales, pero Carranza consideró que eso era algo prematuro. Justificó su reticencia con el argumento de la que la revolución debía limitarse a restaurar el orden constitucional, sin promesas que, caso de incumplirse, suscitaran más luchas y más sangre. Las reformas tenían que llevarse a cabo, pero no utilizarse como una especie de cebo que sólo sirviera para captar nuevos adeptos.

El Primer Jefe era un liberal, no un revolucionario. Sus banderas eran la ley y el nacionalismo, con el que consiguió canalizar el descontento por el predominio de las empresas norteamericanas en el norte del país. Según Brian Hamnett, este énfasis en lo patriótico «proporcionó un sustituto a la ausencia de objetivos revolucionarios sociales».

En un principio, el ejército federal pareció imponerse, aunque al precio de dejar el sur desguarnecido, favoreciendo así la recuperación de los zapatistas. Huerta amplió sus fuerzas armadas hasta ciento cincuenta mil hombres, cifra que después incrementó más aún. Sin embargo, sus tropas resultaban poco fiables al estar compuestas por soldados de reemplazo con muy escasa moral de combate, mal equipados por la falta de recursos económicos. Frente a ellos, Carranza podía oponer un ejército organizado en varias divisiones en función de los distintos territorios. Una de ellas, la mítica División del Norte, estaba en manos de Pancho Villa. A su vez, Álvaro Obregón mandaba la División del Noroeste mientras Pablo González dirigía el Ejército del Noreste.

La represión brutal dirigida por el huertismo, al enconar aún más las posiciones, se convirtió en un importante factor de inestabilidad. En el sur, los zapatistas combatían al gobierno, en la seguridad de que no entraba en sus intenciones impulsar ninguna reforma agraria. Mientras tanto, en el norte, los constitucionalistas avanzaban de manera incontenible. A decir del historiador Javier Garciadiego, la derrota de Huerta, aferrado a una estrategia puramente defensiva y estática, era inevitable.

Al principio, Carranza y Villa mantuvieron una relación cordial, pero no tardaron en distanciarse. Y no sólo porque el primero se sintiera amenazado por los triunfos del segundo, como a veces se dice. La raíz del problema era el carácter incontrolable del Centauro del Norte, un hombre que, con su tendencia a ir por libre, no dejaba de suscitar problemas e incluso conflictos internacionales, como los provocados a raíz de su tolerancia con el asesinato de dos súbditos extranjeros, el británico Benton y el estadounidense Bauch.

Carranza, pues, se enfrentaba a un guerrero que desafiaba abiertamente su liderazgo. Que hasta se permitía el lujo de apresar a uno de sus hombres, el Gobernador de Chihuahua, Manuel Chao. Decidido a hacer respetar su primacía, el Primer Jefe exigió a Villa la inmediata puesta en libertad de Chao. De otro modo, ni se molestaría en escuchar sus motivos. Logró así imponer su criterio aunque, en ese momento, apenas contaba con una escolta que nada hubiera podido hacer frente a la División del Norte. Detrás de su actitud enérgica había una estrategia política muy clara: amante de la historia como era, había llegado a la conclusión de que la perdición de Madero había sido su falta de autoridad. No estaba dispuesto a cometer el mismo error ni a correr la misma suerte.

Su relación con Villa se deterioró tanto que, poco después, le prohibió tomar parte en la batalla de Zacatecas. Quería que la victoria se la apuntara uno de sus fieles, no un caudillo problemático que

Batalla de Zacatecas, junio de 1914. «Les rompimos la madre», dijo el coronel Montejo al anunciar a Villa la victoria sobre el ejército de Huerta.

seguramente proseguiría después hacia la capital, con la intención de convertirse en el líder máximo de la revolución. Sin embargo, este era un criterio político, no militar, por lo que así se ponía en peligro el resultado del combate. Indignados, los villistas desobedecieron y derrotaron a los huertistas, pero lo hicieron sin poner en cuestión la autoridad de Carranza. No pasaba por su imaginación exhibir disensiones internas que permitieran la resurrección del enemigo. Por eso, poco después, cuando el Primer Jefe le negó los suministros de carbón para avanzar hacia Aguascalientes, Villa se tragó el sapo. No convenía forzar una ruptura en un momento en que los contrarios aún no habían sido vencidos por completo. Aunque el caudillo constitucionalista no les convencía por su autoritarismo y por sus desaires, los villistas tenían claro que, en esos momentos, representaba la opción menos mala.

La otra derrota que hundió a Huerta fue la Onrendáin, ante la División del Noroeste. Sin embargo, no todos los elementos que le colocaron contra las cuerdas eran internos. Había que contar también con la hostilidad de Estados Unidos. Así, a finales de 1913, Wilson, por entonces inquilino de la Casa Blanca, decretó el bloqueo económico del país. En teoría, para defender la democracia. En realidad, para apoyar los intereses económicos de Washington.

De esta manera se impidió la llegada de un cargamento de armas alemán con destino al gobierno mexicano, que perdió el control de los territorios fronterizos septentrionales y vio cómo sus ingresos por el comercio se desplomaban. Por ello, no pudo hacer nada para reclutar más hombres y abastecer sus fuerzas de material bélico.

Al año siguiente la situación entre ambas naciones empeoró más aún. Sobre todo tras un incidente en la zona de Tampico, el apresamiento de la tripulación de un ballenero norteamericano. El general Morelos, afecto a Huerta, no tardó en presentar excusas a los yanquis, intimidado por la presencia de seis acorazados al mando del contraalmirante Mayo, destinados a garantizar el cumplimiento del bloqueo. Mayo respondió exigiendo el castigo para el oficial que había arrestado a los marineros estadounidenses y una salva de veintiún cañonazos en honor de su bandera. Huerta trató de evitar la humillación, pero los acontecimientos se precipitaron. El 21 y el 22 de abril de 1914, los norteamericanos tomaron Veracruz provocando cuantiosas bajas. Llegaron a considerar proseguir hasta la capital y derribar al presidente, pero pronto quedó claro que el plan era imposible.

Wilson, que había pretendido ayudar a los constitucionalistas, comprobó enseguida su inmenso error. La intervención extranjera sólo sirvió para poner de acuerdo a todas las facciones mexicanas en que se había de expulsar como fuera los invasores. Huerta consiguió atribuciones dictatoriales para hacer frente a los yanquis, con el apoyo de la Iglesia, contraria a la ocupación de los protestantes. Desde el bando constitucionalista, Carranza, expresaba igualmente su voluntad de defender la soberanía nacional. Por su parte, Zapata anunció que se opondría a cualquier fuerza extranjera que penetrara en su territorio.

Ante la imposibilidad de ir más allá, los norteamericanos debieron contentarse con Veracruz, donde se enfrentaron al descontento popular. Los maestros, por ejemplo, se negaron a aceptar sus órdenes sobre la dirección del sistema educativo. A las tropas foráneas se les podía reconocer la introducción de pequeñas mejoras materiales, como la eliminación de las moscas del mercado, pero estos cambios no compensaban el dominio impuesto.

Disensiones tras la victoria

En una posición cada vez más frágil, Huerta no veía la manera de salir de una situación insostenible. Crecidos tras Zacatecas y Orendáin, sus enemigos tomaron Guadalajara. Acosado, decidió huir, aunque antes nombró un gobierno para que negociara con sus enemigos. El 14 de agosto de 1914, sin embargo, se rindió sin condiciones a través de los tratados de Teoloyucan.

Un victorioso Carranza entra triunfalmente en México D.F., sólo para comprobar el panorama desolador que le aguarda: un país con el sistema bancario en bancarrota y la deuda externa disparada, un país en el que caía la producción por los desperfectos sufridos durante la guerra, un país con un sistema ferroviario en situación lamentable, también a consecuencia de la lucha. Todo parecía conjurarse en contra de México, incluso el clima, ya que la disminución de la pluviosidad afectó a las cosechas.

Una cosa era derrotar a Huerta, que partió hacia el exilio, y otra muy distinta que los vencedores se pusieran de acuerdo para aplicar un programa. Constituían una heterogénea coalición de intereses, sin más nexo que la oposición a un enemigo común.

En esos momentos, el Estado mexicano había dejado de existir. El ejército federal había sido disuelto. El poder estaba en manos de diversos caudillos, incapaces de controlar el territorio nacional en toda su amplitud.

Carranza, convertido ahora en «encargado del poder ejecutivo», es decir, en una especie de presidente interino, intentó ponerse de acuerdo con Villa y con Zapata, pero pretendió que ambos aceptaran sus condiciones, objetivo por completo irrealizable. Pertenecían a mundos opuestos. El Primer Jefe, para los campesinos, no dejaba de ser un personaje de clase alta acostumbrado a «manteles limpios, bandejas de desayuno, alta política y cubos para enfriar vino». Él, por su parte, despreciaba a los zapatistas, en quienes veía una simple horda de bandidos.

Zapata apenas se tomó el trabajo de hablar con los emisarios del nuevo jefe del gobierno, al que exigió que el Plan de Ayala se convirtiera en principio constitucional. El plan, como hemos visto, establecía el reparto de tierras. Carranza rechazó esta condición, por lo que el entendimiento se hizo imposible. Nada extraño, en realidad. Entre los enemigos de Huerta había gentes que buscaban apuntalar el orden social y gentes que buscaban subvertirlo. De ahí que las discordias resultaran inevitables.

Con sus maneras autocráticas, Carranza iba a ganarse la oposición de muchos enemigos, temerosos de que, bajo su dirección, la revolución degenerase en un nuevo porfiriato, es decir, en un «caudillaje más sin rienda ni freno», a decir de Martín Luis Guzmán. Según este escritor, el nuevo mandatario alentó las prácticas corruptas, hasta el extremo de que el pueblo acuñó un nuevo verbo, «carrancear», como equivalente de robar. Se produjeron entonces alianzas contra natura, ya que los que propugnaban un movimiento de regeneración democrática, como el propio Guzmán, acabaron aliándose con Pancho Villa, acérrimo anticarrancista y personaje explosivo e incontrolable. Para desprestigiarlo, sus enemigos afirmaron que el suyo, lo mismo que el de Emiliano Zapata, era un movimiento financiado por los reaccionarios con el dinero de la Iglesia y de millonarios extranjeros. La mentira resultó demasiado burda para que llegara a cuajar. Si Villa y Zapata se posicionaron contra Carranza, fue porque le consideraban hostil al programa de reforma agraria y social.

La Iglesia católica, por su parte, seguía con un proyecto de evangelización a gran escala con vistas a recuperar la influencia perdida en el siglo xix, bajo la presión liberal. En enero de 1914, los obispos proclamarían a Cristo rey de México, una iniciativa que fue juzgada por muchos como una provocación. ¿Acaso no afirmaba la jerarquía eclesiástica que la revolución constituía un castigo divino? Por eso mismo, los carrancistas consideraron su lucha como una cruzada anticlerical para erradicar el fanatismo religioso, con lo que acabaron por incurrir en múltiples abusos contra la libertad de conciencia, en forma de quema de iglesias y fusilamientos de sacerdotes. Pancho Villa

Venustiano Carranza, jefe de las fuerzas constitucionalistas.

enseguida entendió la manera de sacar partido de esta política impopular: si respetaba el sentimiento cristiano de los campesinos, estos no dudarían en apoyarle. El cálculo se reveló exacto y muchos católicos se unieron a sus filas. Para animar a los suyos, el Centauro prometió que, una vez derrotado Carranza, les construiría un camino para que fueran a venerar a la Virgen de San Juan de los Lagos.

Pese al tópico, la Revolución mexicana no fue forzosamente sinónimo de persecución antirreligiosa. En las filas de Zapata, como en las de Villa, también encontramos creyentes y hasta sacerdotes que asistían espiritualmente a las tropas. Por eso, en Cuernavaca, el obispo disponía de protección y no tuvo necesidad de exiliarse, como los del resto del país. La importancia de la religión, según Jean Meyer, separó al zapatismo de otros movimientos con los que ha sido comparado, entre ellos los anarquistas. No en vano sus hombres luchan bajo el estandarte de la Virgen de Guadalupe.

HUERTA, EL TRIUNFALISTA

Estados Unidos, tras la caída del madecismo, se mantenía a distancia, hostil ante unos dirigentes que le parecían demasiado inclinados a favorecer los intereses económicos de los británicos. El presidente Wilson, un estricto presbiteriano, no sentía sino asco hacia Huerta, al que culpaba del asesinato de su predecesor. En consecuencia, evitó reconocerle. De eso se aprovecharon las compañías petroleras norteamericanas, ahora con una excusa para no pagar impuestos en México. Mientras tanto, en Washington, no eran pocos los congresistas que reclamaban una intervención militar.

Huerta reaccionó tocando la tecla nacionalista, con declaraciones con aire a fanfarronada. Así, afirmó que México no tenía miedo a Estados Unidos. En la guerra de 1847 hubiera vencido, de no ser por el traidor del general Santa Anna. Si se producía un nuevo enfrentamiento, no tenía duda de que su país saldría airoso. «Los que pasen el Río Grande, o no volverán a su tierra, o tornarán con la cabeza ensangrentada», aseguró, según reprodujo el periódico español ABC. En su opinión, los yanquis no constituían una nación auténtica. Su destino era acabar sometidos por mexicanos, japoneses y británicos.

6

La nueva constitución

Tras la derrota de Huerta, los generales revolucionarios propusieron una convención, que inició sus
trabajos en la capital, para decidir qué reformas sociales se iban a acometer. Carranza, el presidente *de facto*,
desaprobaba esta vía. Las divisiones políticas forzaron
a los convencionistas a trasladarse a Aguascalientes,
donde comenzaron sus deliberaciones el 10 de octubre de 1914. Se trataba de un encuentro de ciento
cincuenta generales de la Revolución. Al persistir las
discordias, el intento de nombrar un presidente de
transición acabó en fracaso.

En Aguascalientes, los representantes zapatistas
fueron acogidos con entusiasmo delirante, según
el escéptico Martín Luis Guzmán: «Se les recibía
como si en efecto trajeran la verdad y el Evangelio».
Significativamente, Zapata envió a dos representantes con formación académica, Antonio Díaz Soto

y Gama, abogado, y Manuel Palafox, antiguo estudiante de ingeniería, porque no deseaba acudir en persona. ¿Por excesivo apego al terruño, tal vez?

En esos momentos, Zapata y Villa aún no habían tenido ocasión de intercambiar impresiones en persona, pero su correspondencia refleja la proximidad de los dos caudillos. El del sur había escrito al del norte que le consideraba «hombre patriota y honrado, que sabrá sostener la causa del pueblo».

En Aguascalientes se propuso que el Primer Jefe renunciara al poder y Pancho Villa a la jefatura de su ejército, pero la idea no se llevó a la práctica. Villa, para solucionar de una vez por todas sus diferencias con el líder constitucionalista, sugirió que ambos se quitaran la vida. Por extraño que parezca, lo proponía con total seriedad.

La Convención acabó por desconocer a Carranza y declararlo en rebeldía. Lo que vino después fue una nueva guerra civil. Por un lado se hallaban los convencionalistas, un grupo en el que se encontraban villistas y zapatistas. Unos y otros, partidarios de cambios en un sentido antilatifundista, tildaban a los carrancistas de falsos revolucionarios. Eso significaba, entre otras cosas, que no se guiaban por el Plan de Ayala. Zapata declaró por entonces, en entrevista con el periodista Henry Baird, que su lucha no estaba limitada a Morelos. Su perspectiva era la de un gran movimiento nacional. Sin embargo, la realidad iba a mostrar que eso era mucho más fácil de decir que de hacer. Baird, lúcidamente, percibió que el zapatismo estaba demasiado arraigado a sus orígenes locales.

Los constitucionalistas, en cambio, creían que los falsos revolucionarios eran los seguidores de Zapata, a los que acusaban de bastardos, individualistas, personalistas y mil taras más. Desde su óptica, no tenía sentido que en el sur se repartieran haciendas que era propiedad privada. «Uno reparte lo que es suyo, no lo ajeno», dirá Carranza.

La coherencia ideológica no era su punto fuerte, al tratarte de una facción muy heterogénea. Entre sus miembros destacaba el denominado Grupo de Sonora, integrado por la dinámica burguesía rural del norte, el que figuraban tres futuros presidentes del país, Adolfo de la Huerta, Álvaro Obregón y Plutarco Elías Calles.

La Casa del Obrero Mundial también optó por Carranza, aunque no con demasiado entusiasmo. A cambio, los sindicalistas verían atendidas sus demandas y podrían organizarse a lo largo de todo el territorio nacional.

El Primer Jefe, en las Adiciones al Plan de Guadalupe, prometió llevar a cabo las reformas que exigía la opinión pública para garantizar la igualdad entre todos los mexicanos. Ello implicaba devolver las tierras injustamente arrebatadas a los campesinos, pero también legislar a favor de una mejora en las condiciones de vida de las clases proletarias. Lo que se dibujaba, en suma, era la perspectiva de un nuevo ordenamiento jurídico que implicara una revolución en toda regla.

No obstante, la teoría era una cosa y la realidad otra. Cuando los trabajadores fueron a la huelga, el gobierno no dudó en reprimirlos sin contemplaciones, prohibiendo sus manifestaciones o arrestando a aquellos sindicalistas que se dedicaran «a trastornar el orden público».

Mientras tanto, en determinadas regiones, existían caudillos, una especie de señores de la guerra, que no se adscribían a ningún bando. El caso más notorio fue el de Manuel Peláez, al norte de Veracruz, quién se dedicó a vender su protección a las compañías petroleras a cambio de una contribución anual.

Su éxito fue notable, ya que pudo garantizar la seguridad ajena y convertir su territorio en el más calmado del país. La historia tradicional le suele presentar como un personaje negativo, vendido a los intereses de las empresas extranjeras, interesadas en pagarle cuanto pidiera para evitar que la llegada de los constitucionalistas implicara un aumento del control gubernamental, así como el alza de los salarios y los impuestos. Sin embargo, esta imagen requiere matizaciones. Cuando México se pacifica, después de 1920, esas mismas empresas intentarán comprarlo para que les ayude a eludir las exigencias fiscales del gobierno. Peláez rechazará entonces la oferta y se pondrá de parte de las autoridades.

Alianza campesina

Pareció, en un principio, que la coalición entre Villa y Zapata tenía asegurada la victoria. Ambos llegaron a ocupar Ciudad de México, donde posaron para los fotógrafos en el Palacio Presidencial. La memorable instantánea captó su muy diferente personalidad: expansivo el primero, taciturno el segundo. Al ver el sillón del jefe del Estado, Villa comentó con rápida ironía: «¿Y por esto nos estamos todos matando?», aunque es posible que estas palabras no fueran suyas sino de uno de sus partidarios. Según otra versión, dijo que iba a ser «presidente de la república un tantito» y se sentó en la silla. Otro asunto es que se tratara de un objeto auténtico y no de una invención. Según Paco Ignacio Taibo II, en el México republicano «no existía un salón de recepciones organizado en torno a la silla presidencial; si la silla existía, sería una común y corriente».

El contraste entre las tropas de uno y otro caudillo no podía ser más acentuado: los del norte lucían modernos uniformes comprados a los norteamericanos, los del sur vestían pobremente, con ropas campesinas, y portaban estandartes de la Virgen de Guadalupe. Al entrevistarse los dos guerreros, sin dificultad salió a relucir su común aversión por el Primer Jefe. Para Zapata, no había duda de que Carranza era un canalla. Villa comentó que había una gran distancia entre el pueblo, habituado al sufrimiento, y los hombres acostumbrados a dormir «en almohada blandita».

Una anécdota demostró que ambos hombres, pese a su sintonía ideológica, tenían maneras de ser muy distintas. Cuando Zapata quiso festejar el encuentro con coñac, el abstemio Villa pasó por un momento de apuro.

Aunque cualquiera hubiera podido decir que los dos jefes revolucionarios habían alcanzado una gran ventaja, pronto resultó evidente que la capital era un bocado demasiado grande para ellos, más cómodos en otro tipo de escenarios. No resultaba fácil para los ocupantes atender a las necesidades alimentarias, sanitarias y de seguridad de la mayor concentración humana del país. Además, pronto estallaron los altercados entre hombres de uno y otro ejército. No obstante, las riñas estaban lejos del apocalipsis que habían temido los habitantes de México D. F., propensos a identificar a los zapatistas con los nuevos bárbaros. En contra de lo que muchos esperaban, los sureños no se habían lanzado a ninguna orgía destructiva. Tampoco los villistas, que debían acatar las estrictas órdenes de su jefe contra el saqueo. Pero ninguna autoridad podía impedir que, a medida que pasaban los días, los problemas se multiplicaran.

Pancho Villa y Emiliano
Zapata en Ciudad
de México, 1914.
Expansivo el primero,
retraído el segundo.

Por el Pacto de Xochimilco, a finales de 1914, Villa y Zapata procuraron hacer un frente común. Por un momento pareció que, juntos, iban a controlar el conjunto del país. En esos momentos, incluso podían permitirse quitar y poner al presidente de México: depusieron a Eulalio Gutiérrez después de que este abandonara la capital, consciente de que su autoridad brillaba por su ausencia, y nombraron en su lugar a Roque González Garza. Sin embargo, su intento fracasó por el distinto sentido de las urgencias. Para el Centauro del Norte, la prioridad era, sin discusión, ganar la guerra. Para el caudillo de Morelos, la necesidad de ahondar en la transformación social se imponía al resto de consideraciones. Conseguido este objetivo, pensaba exportar la revolución al resto de la nación. Sus anhelos de justicia social podían resultar laudables, pero, en la práctica, asestaron un duro golpe a la economía local. El efecto sobre el esfuerzo bélico fue desastroso.

Pese a la apariencia de fuerza, la realidad era justo la contraria, de debilidad. Zapatistas y villistas constituían colectivos demasiado diferentes tanto en su composición como en sus fines, por lo que fue imposible asegurar su cooperación eficaz. La división facilitó su derrota a manos de los constitucionalistas, por lo que se vieron obligados a permanecer en sus respectivas regiones. Fuera de ellas, unos y otros acostumbraban a luchar de mala gana y con resultados mediocres.

La decadencia del villismo

Carranza no era un hombre con inquietudes sociales, pero comprendió que, si deseaba imponerse a sus enemigos, tenía que hacer concesiones. Con esta finalidad, las Adiciones al Plan de Guadalupe proponían la reforma agraria, a través de la restitución de la tierra a las municipalidades y la disolución de las haciendas. Se trató, en palabras de Brian Hamnett, de «una tardía apuesta carrancista para lograr el apoyo campesino».

La apuesta podía ser tardía, pero no ineficaz. Con la promesa de entregarles las tierras que habían perdido, una vez alcanzada la paz, el general Obregón reclutó a cientos de indios yaquis, famosos por sus habilidades guerreras.

Consciente de que Zapata permanecía aislado y a la defensiva en Morelos, el Primer Jefe concentró todos sus esfuerzos en combatir a Villa. Este, a finales de 1914, gozaba de una inmensa popularidad, alimentada en parte por las muchas leyendas sobre su persona, que él propagaba encantado. Los corridos cantaban sus hazañas y hasta el cine norteamericano servía a sus propósitos propagandísticos. Sus enemigos, en cambio, le veían como el quinto jinete del Apocalipsis. Era entonces, y es todavía en la actualidad, el hombre más controvertido del México revolucionario.

Su lista de victorias había sido impresionante: Tierra Blanca, Torreón, San Pedro… En parte, por su propio talento militar, pero también gracias a un subordinado como el general Felipe Ángeles, un clásico militar de Academia que evolucionó hacia posiciones próximas al socialismo. De Ángeles, el propio Villa dijo que era el único que seguía con vida después de haberle llevado la contraria. El Centauro lo respetaba porque unía, a su evidente capacidad intelectual, su faceta de hombre de acción. Las tropas necesitaban alguien como él, con los conocimientos técnicos necesarios para garantizar un mando eficaz. Por otra parte, muchas fuentes apuntan que

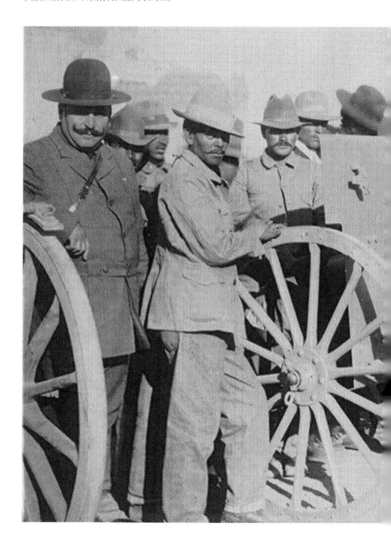

Artillería villista.

la influencia de Ángeles fue decisiva no sólo en lo castrense. Su humanidad consiguió moderar los arrebatos salvajes de su jefe, capaz en un momento de ira de ordenar cualquier ejecución arbitraria.

Pese a su irresistible carisma, a medida que avanzaba y se alejaba de sus feudos norteños, el impulso de Villa comenzaba a decaer. Al basar toda su autoridad en el carisma, difícilmente podía responder a las necesidades organizativas de una guerra que había escapado a su control. En lugar de poner la dirección militar en las manos de Ángeles, el exceso de confianza le llevó a desoír sus consejos con resultados desastrosos. En Celaya, se empeñó en librar batalla sin valorar adecuadamente la inferioridad en medios materiales y el cansancio de sus hombres, tras muchos días de marchas forzadas. Sus jinetes, desobedeciendo órdenes, se lanzaron al ataque sin esperar a la artillería. Para algunos historiadores, la clave del resultado estuvo en el enfrentamiento entre modernidad y tradición. Según Mason Hart, Obregón utilizó alambres de púas y nidos de ametralladoras. Paco Ignacio Taibo II, en cambio, niega la ventaja tecnológica de los enemigos de Villa y considera que el Centauro contaba con superioridad artillera. Habría podido ganar, en su opinión, de no ser por el exceso de optimismo y la mala suerte.

Aunque admitamos la superioridad tecnológica de Obregón, debemos reconocer también su mayor talento estratégico. Pocos días después, la ciudad fue escenario de una segunda batalla. Villa la rodeó con miles de hombres, dispuesto a vengar su derrota, pero al hacerlo debilitó demasiado sus líneas, de manera que sus puntos más débiles cayeron ante el enemigo y se produjo el desastre.

Más tarde, en León, el Centauro del Norte casi logró la victoria, pero la escasez de municiones le forzó a retirarse hacia el norte. Su oponente, con astucia, compensó su inferioridad numérica esperando a que los villistas gastaran sus cartuchos para obligarles a retroceder. A él no le faltaban balas, pero sí hombres. Por eso mismo se lo pensaba dos veces antes de arriesgarlos y dejaba que fueran los otros quienes se debilitaran en ataques demasiado impulsivos.

El Centauro creyó que podía derrotar a Carranza con las mismas cargas de caballería que habían vencido a Huerta. Esta vez, sin embargo, no tenía en frente a una tropa desmoralizada sino a un ejército disciplinado, contra el que sus soldados se estrellaron en ataques suicidas, impotentes contra la mortal eficacia de las ametralladoras. Llegaron así catástrofes que le demostraron que el valor no resultaba suficiente para la guerra moderna. Según Obregón, el mismo Villa le había facilitado las victorias al desoír el consejo de Felipe Ángeles, quien le había propuesto combatir en el norte, de forma que los carrancistas se vieran obligados a batirse lejos de sus bases.

Junto a las derrotas militares, existía un factor de índole económica que jugaba en contra del villismo. Su jefe, por necesidades de la lucha, había multiplicado las exacciones. En cambio, a medida que se fortalecía, Carranza disponía de nuevas fuentes de ingresos, como los producidos por la aduana. Contaba con la región de Querétaro, que le aseguraba el suministro de cereales, y dominaba las zonas industriales más importantes, como Tlaxcala, Puebla y Veracruz. Disponía, además, del control de la producción petrolífera.

Con la multiplicación de los fracasos, el Centauro del Norte vio cómo las deserciones cundían entre sus fuerzas hasta degenerar en una desbandada. Se demostró así la exactitud de la profecía del general Ángeles: «El día en que el general Villa sufra una derrota en el grueso de sus filas, se acabará la División del Norte».

Carranza, en cambio, sumaba apoyos. Gracias a su acuerdo con la Casa del Obrero Mundial, en 1915, consiguió la constitución de los denominados Batallones Rojos. Se trataba de un matrimonio por interés, pero que a la postre ayudó combatir a la insurgencia, al aportar unos siete mil hombres a la lucha. No obstante, según Alan Knight, su contribución no se midió en términos de una eficacia militar que habría sido limitada. Lo importante, por el contrario, fue el amplio despliegue propagandístico de la Casa a favor del gobierno, al que elogiaba por defender la libertad de la clase trabajadora y oponerse a elementos reaccionarios como el clero católico.

Mientras sus enemigos adquirían cada vez más fuerza, Villa encontraba crecientes apuros para abastecerse de municiones. En circunstancias normales habría solucionado el problema con su adquisición en el mercado estadounidense, pero, tras el estallido de la Primera Guerra Mundial, los países europeos acaparaban prácticamente toda la producción, por lo que el precio se había puesto por las nubes.

Los problemas del Centauro parecían multiplicarse, en medio de divisiones internas cada vez más peligrosas. Uno de sus hombres, Maclovio Herrera, se rebeló contra su autoridad en Chichuahua y le provocó múltiples contratiempos.

México invade Estados Unidos

En su relación con los estadounidenses, Villa se había mostrado cooperador al favorecer los intereses de sus empresas. Sin embargo, su política iba a dar un giro inesperado. Washington se había mantenido a la expectativa, por desconocer lo que representaba cada uno de los grupos del escenario mexicano. Incluso se había planteado la intervención militar, con el fin oficial de salvar al país de sí mismo. Carranza solicitó entonces a los vecinos del norte que permanecieran al margen mientras él sometía a sus enemigos. Obtuvo así el reconocimiento de la Casa Blanca, un gesto que irritó sobremanera al Centauro del Norte. Su ira quedó de manifiesto en un manifiesto implacable: «Yo declaro enfáticamente que me queda mucho que agradecer a Mister Wilson (el presidente de Estados Unidos) porque me releva de la obligación de dar garantías a los extranjeros». Eso era precisamente lo que temían los yanquis, que sus ciudadanos pudieran sufrir represalias.

Villa veía rebajado su estatus, al pasar de actor político legítimo a simple bandido. Atrás quedaban sus tiempos al frente de la División del Norte, disuelta el 21 de diciembre de 1915 tras continuas derrotas. Como en sus principios, ahora tenía que llevar una vida clandestina con todo tipo de precauciones. Siempre dormía en un lugar desconocido y daba a probar su comida a alguno de sus hombres, por miedo al envenenamiento. Durante los siguientes años, se limitará a llevar una guerra de guerrillas de alcance limitado, en la que un día manda ochocientos hombres y otro apenas veinticinco. Según Jean Meyer, el pueblo olvidó entonces sus crímenes y le convirtió en una especie de Robin Hood a la mexicana. Sin embargo, su imagen legendaria no podía compensar su cada vez mayor irrelevancia política. Los villistas se habían convertido en uno de tantos grupos insurrectos, sin proyecto político que ofrecer y sin posibilidades de ejercer una influencia apreciable en el curso de los acontecimientos.

Movido por el resentimiento hacia Estados Unidos, el Centauro protagonizó en 1916 una espectacular incursión en Columbus, en el estado norteamericano de Nuevo México. ¿Provocaba al gigante anglosajón sólo por venganza, como se ha sugerido? Parece más posible que detrás de su acción existiera un cálculo político. El problema es averiguar cuál: ¿Enemistar a Carranza con Washington y enfrentar así a dos enemigos? ¿Le patrocinaron, tal vez, espías alemanes que buscaban perjudicar a los norteamericanos por todos los medios, ante su segura intervención en la guerra europea? También se ha aventurado una explicación más prosaica, el ajuste de cuentas por una cuestión de negocios. Un tal Samuel Rabel, judío, habría estafado a Villa al no entregarle un cargamento de armas mientras se quedaba con su dinero. Al saber el Centauro que se hallaba en Columbus, no habría dudado en ordenar el golpe de mano.

La invasión, además de fugaz, fue un completo desastre. La enérgica reacción de los estadounidenses provocó más de un centenar de bajas entre los atacantes con apenas siete muertos propios. En represalia, el presidente Wilson envió una expedición al mando del general Pershing, unos seis mil hombres que más tarde se ampliaron a diez mil. Según la versión oficial de la Casa Blanca, la intervención no implicaba ninguna violación de la soberanía de México. Su objetivo no era otro que capturar a Villa y, sobre todo, garantizar que un hecho como el de Columbus no se repitiera. Si los mexicanos no se veían capaces de vigilar su frontera, debían permitir que los estadounidenses hicieran el trabajo.

Pershing sólo obtuvo resultados contraproducentes al suscitar una reacción nacionalista entre los mexicanos de todos los colores políticos. El general Felipe Ángeles incluso se ofreció para regresar del

El general Obregón es condecorado tras la batalla de Celaya.
A su derecha se encuentra Venustiano Carranza.

exilio, ponerse a las órdenes del gobierno y combatir a los extranjeros. En esos momentos, la defensa
de México tenía prioridad sobre los antagonismos
partidarios. Carranza, según John Womack, luchó
por mantener la soberanía nacional con una demostración magistral de diplomacia.

Los norteamericanos permanecieron en el país
hasta el año siguiente, sin lograr encontrar a Villa.
Los corridos de la época celebraron su fracaso con
versos tan triunfales como los siguientes: «Todos los
gringos pensaban en su alteza/que combatir era un
baile de carquís/y con su cara llena de vergüenza/se
regresaron en bolón a su país». El Centauro, mientras
tanto, veía cómo su leyenda no dejaba de agigantarse.

A por los zapatistas

Se había generado una hostilidad antinorteamericana tan unánime que los alemanes enseguida pensaron en cómo capitalizarla a favor de sus intereses. En el contexto de la Primera Guerra Mundial, la diplomacia germana diseñó un plan atrevido. A cambio de su entrada en la contienda, ofreció a México la restitución de Texas, Arizona y Nuevo México, los territorios que Estados Unidos se había anexionado a mediados del siglo xix. El gobierno, juiciosamente, evitó un pacto que hubiera podido acarrear la destrucción del Estado. No obstante, continuó protegiendo a los espías alemanes aunque, para impedir una intervención estadounidense, siguió una política oficial de neutralidad.

El de la Primera Guerra Mundial era uno de los muchos frentes que tenía abierto Carranza. Había llegado el momento, según sus propias declaraciones, de reconstruir la patria, víctima de una larga historia de penalidades, pues a los tres siglos de opresión española le había sucedido otro de discordias internas. ¿Cómo superar este pasado funesto? Con un estado centralizado en el que se recuperara el orden, algo que significaba, a ojos del nuevo líder, devolver las haciendas expropiadas a sus legítimos dueños, crear un banco central, vencer la subversión campesina e incrementar los impuestos a las empresas extranjeras.

Ahora que tenía a Villa neutralizado, Carranza podía ir a por Zapata. Mientras el Centauro acaparaba la atención, el de Morelos había podido dedicarse, con relativa tranquilidad, a poner las bases de su utopía campesina. Las tierras se habían repartido y se habían promulgado leyes contra el acaparamiento, al tiempo que se creaban escuelas y se ponía en circulación papel moneda. Con preocupación paternal, Zapata aconsejaba a los campesinos que no se aferraran a los cultivos tradicionales, como el tomate, porque el futuro estaba en la caña. No le hicieron caso, ni falta que hacía en aquellos momentos, porque si un problema era inexistente, ese era la escasez. Parecía posible entonces recrear una sociedad tradicional que se mantuviera ajena a las ciudades, un mundo que se contemplaba con prevención. Lo foráneo constituía, por definición, objeto de desconfianza. Incluso a los villistas, por más que fueran aliados, se les miraba mal si aparecían con uniforme caqui en lugar de las ropas campesinas que llevaba todo el mundo.

La paz se acabó con el fracaso de Villa, en el norte. Su derrota permitió que unos treinta mil hombres, repartidos en seis columnas, rodearan a Zapata. Los partidarios del morelense respondieron con un manifiesto a la nación, en el que tildaban al jefe constitucionalista de «hombre sin conciencia», pero empezaron a ser derrotados ante su manifiesta inferioridad en soldados y armas. Se reanudó entonces una feroz represión sobre los zapatistas, que aumentaba a medida que la resistencia se endurecía. Se desencadenó una auténtica ola de destrucción y muerte, con masacres como la de Tlaltizapán: alrededor de ciento ochenta personas fueron ejecutadas sólo por la sospecha de que eran rebeldes. Mientras tanto, se producían deportaciones masivas de prisioneros a otras zonas del país. Zapata, en una carta, presentó un panorama de continua desolación en el que se sucedían los robos, sin que se libraran siquiera las iglesias: «A Cuernavaca la han dejado irreconocible; las casas están sin puertas, las calles y las plazas convertidas en estercoleros».

La formidable embestida de los carrancistas acabó estrellándose contra la resistencia local. En diciembre de 1916, sus fuerzas abandonaban

Morelos, no sin haberlo saqueado exhaustivamente. Sin embargo, pese a la victoria, el zapatismo empezó a resquebrajarse bajo el peso de las tensiones internas. La situación se complicó cuando los militares del gobierno central regresaron. Cercado en las montañas, Zapata se hallaba a la defensiva, limitado a operaciones de corto alcance mientras la población civil sufría una precariedad cada vez mayor.

AL BORDE DE LA CRISIS TOTAL

Carranza estaba dispuesto a imponer su autoridad de manera indiscutida. Además de aplastar al zapatismo, eso implicaba también vencer el desafío planteado por Oaxaca, protagonista de un movimiento encabezado por los conservadores locales, que recuperan la soberanía de su estado, con moneda y sellos propios.

En la práctica, el Primer Jefe se encontró con numerosos obstáculos para gobernar con eficacia. Dependía del apoyo de sus generales, enfrentados entre sí por envidias y de una honestidad, cuando menos discutible. Mientras Álvaro Obregón ocupó el Ministerio de la Guerra, la corrupción se extendió por todo el ejército.

En el terreno económico las cosas no iban mejor. La introducción de quinientos millones de pesos, supuestamente infalsificables, sólo sirvió para desatar una espiral inflacionaria mientras la nueva moneda no dejaba de devaluarse frente al dólar. Los obreros, por ello, se negaban a aceptar los billetes. Querían cobrar en moneda metálica. En respuesta, los medios carrancistas afirmaban que la revolución no se había hecho en exclusiva para los trabajadores y que estos, con su intransigencia, pretendían un monopolio análogo al que había detentado el capital.

Al no ser reducidos por completo, villistas y zapatistas continuaban incomodando al gobierno. Villa proseguía con sus acciones guerrilleras, a veces espectaculares, como el asalto a Chihuahua en septiembre de 1916, pero sin mayor trascendencia, limitado por la escasez de recursos materiales. No obstante, el general carrancista Francisco Murguía, famoso por su salvajismo, fracasó en el intento de aniquilarle. «Año tras año, el villismo surgía y moría», dice la historiadora Margarita de Orellana.

El pueblo, mientras tanto, sufría los continuos desmanes de los señores de la guerra, acostumbrado a un panorama en el que la muerte y la destrucción constituían moneda común. Como la soldadesca requisaba por norma cuantos alimentos quería, entre 1914 y 1915 se habían producido crisis alimentarias, aunque la peor sería la de 1917, el año del hambre. La dislocación del comercio interno hizo más difícil aún el abastecimiento, mientras la agricultura experimentaba retrocesos espectaculares, hasta el extremo de que en 1918 sólo se produciría el sesenta por ciento de los frijoles con respecto al nivel de 1910.

Así, en el campo, la gente sencillamente moría. En las ciudades, la prostitución se convirtió en el único camino de supervivencia para muchas mujeres. Sólo los ricos podían permitirse pagar alimentos que habían multiplicado su precio por quince, como sucedió en Michoacán con el maíz.

LA CONSTITUCIÓN MÁS AVANZADA DE AMÉRICA

A finales de 1916, un Congreso Constituyente inició en Querétaro los trabajos para redactar una ley fundamental, en cumplimiento de lo que había prometido Carranza tres años antes, al afirmar que había que «removerlo todo» y crear «una nueva constitución cuya acción benéfica sobre las masas nada, ni nadie, pueda evitar». Sin embargo, ningún escaño podría ser ocupado por gente de distinto signo político, fueran huertistas, villistas o zapatistas. El carrancismo victorioso no estaba dispuesto a arriesgar la hegemonía que tanto le había costado obtener en los campos de batalla. Se formó así una asamblea de doscientos diez diputados, en su mayoría de origen burgués. Todos pertenecían al mismo bando, pero eso no evitó su división en dos grupos. Los senadores romanos eran partidarios, como Carranza, de limitarse a una puesta al día de la Constitución de 1857. Debían hacerse reformas, pero sin incorporarlas a la ley fundamental. En cambio, los jacobinos apostaban por propuestas sociales con mayor radicalidad.

Por iniciativa del Grupo de Sonora, la Constitución de 1917 implantó un régimen intervencionista en materia económica, lo que significaba redistribuir la riqueza de cara a lograr la integración en el Estado de las distintas clases sociales. Por otra parte, en consonancia con la ola progresista de los tiempos –aquel año iba a ser también el de la revolución bolchevique en Rusia–, se basó la organización económica en la coexistencia de la propiedad privada y la estatal. La primera quedaba reconocida, pero sometida a las necesidades del bien público.

El país, por el artículo 27, pasaba a ser dueño de los recursos naturales. Tal como se había hecho en tiempos del virreinato, ahora la posesión de una tierra no implicaba la de sus aguas o la de sus riquezas minerales, que pertenecían a la nación como antes habían pertenecido al rey. Por otra parte, el Estado se reservaba el derecho a expropiar las haciendas para dividirlas en pequeños lotes de tierra.

Se ha dicho que la nueva Carta Magna marcó el inicio del México postrevolucionario, con la puesta en práctica de una praxis democrática hasta ese momento ausente en la historia nacional. Las autoridades tendrían que ser elegidas por el pueblo y los militares habrían de plegarse a las decisiones de los gobernantes civiles, aunque eso fue más fácil de decir que de hacer: los que mandaban tropas no se resignaban a renunciar al inmenso poder que habían acumulado. Asimismo, se implantaron las libertades de asociación y de expresión.

No obstante, el cambio crucial se produjo en el sentido que esperaba Carranza: las atribuciones del presidente se vieron considerablemente reforzadas. Según Jean Meyer, todo lo demás, como el sufragio efectivo, la no reelección, la libertad municipal o el federalismo eran pura literatura, porque la aplicación de estos principios dependía de un gobierno con amplio margen de acción, sin el inconveniente de tener que dar cuentas ante el parlamento. De esta manera, según Carranza, el país tendría la dirección fuerte que necesitaba, imprescindible en un continente como el latinoamericano, donde había que disciplinar a unas masas siempre dispuestas a la violencia y el desorden. El trágico fin de Madero había demostrado que un dirigente no podía ir muy lejos si cumplía las leyes pero carecía de recursos para imponer su autoridad.

Respecto a la Iglesia, los legisladores hicieron gala de un profundo anticlericalismo. Cuando Francisco J. Múgica, parlamentario de adscripción obregonista, se proclamó enemigo del clero, en el que veía al peor enemigo de México, la reacción de la Cámara fue una atronadora ovación. El artículo 27 incluso estaba redactado con una ironía fuera de lugar, la expresión «asociaciones religiosas denominadas iglesias», a las que se negaba el derecho a poseer bienes raíces.

Los miembros
del Congreso
Constituyente
de 1917
juran la nueva
constitución
de los Estados
Unidos
Mexicanos.

El catolicismo, a partir de entonces, quedó desprovisto de la facultad de intervenir en la enseñanza primaria, tema siempre sensible porque implicaba quién influiría sobre la formación de las conciencias. Los templos pasaban a ser propiedad del Estado, que se reservaba el derecho de establecer en qué casos debían continuar destinados al culto público. Las órdenes monásticas, por el artículo 5, quedaban suprimidas. A su vez, el artículo 130 prohibía a los sacerdotes realizar críticas contra el gobierno o la constitución. Se llegaba así al extremo de negar a un colectivo los derechos políticos del conjunto de la población.

Quedaba así abierta la puerta a futuros enfrentamientos, como se vería más tarde durante la guerra cristera, porque el hecho insoslayable era la catolicidad de la mayoría de los mexicanos. Carranza deseaba erradicar la influencia de la Iglesia, aunque también creía que era imposible cambiar las cosas de un día para otro. El pueblo, a su juicio, necesitaba educación para dejar atrás las supersticiones religiosas.

La Constitución de 1917 era una constitución radical. La «más avanzada de todos los países», en palabras del general Felipe Ángeles, aunque sólo fuera por acabar con el derecho a disfrutar sin límites de la propiedad privada.

El derecho de huelga, lo mismo que el de sindicación, quedó reconocido en el artículo 123, dedicado a reglamentar el mundo del trabajo, que establecía también la jornada máxima de ocho horas, siete en el caso de trabajo nocturno. Los operarios tendrían derecho, al menos, a un día de descanso semanal. Por otra parte, se prohibía el viejo abuso de pagar a los obreros con mercancías o con vales, de forma que estuvieran siempre endeudados con el patrono. En adelante, el salario sólo podría cobrarse en moneda de curso legal.

Se consagraba, asimismo, el principio de «igual trabajo, igual salario», sin que pudieran existir diferencias por sexo ni por nacionalidad. Se hacía referencia así a la discriminación tradicional que sufrían las mujeres, pero también a la situación privilegiada que disfrutaban en las fábricas los extranjeros, sobre todo los norteamericanos.

En el mundo laboral se avanzaba hacia una mayor igualdad de género, al menos en el plano teórico, porque la aplicación práctica de lo conseguido resultó mucho menos espectacular. En cambio, en el terreno de los derechos políticos, las mujeres continuaron privadas del sufragio con el argumento de que, por su escasa educación, serían fácilmente manipulables por el clero. Se aseguraba, además, que no existía una demanda social en tal sentido. La ciudadanía, según la constitución, sólo correspondía a los mexicanos mayores de 21 años, o mayores de 18 si se hallaban casados. Se tendió a suponer que ello dejaba a las mujeres fuera del juego político, pero las feministas interpretaron que el artículo 134 estaba escrito en genérico, no en masculino. Los mexicanos, pues, podían ser tanto hombres como mujeres. Una sufragista próxima al carrancismo, Hermila Galindo, destacó en la lucha por el voto femenino.

Por primera vez, el constitucionalismo mexicano incorporaba derechos sociales. Esta evolución en un sentido progresista despertaba la inquietud de los revolucionarios más conservadores, los que se habían limitado a luchar por derechos políticos. Para ellos, la Carta Magna exhibía una preocupante tendencia bolchevique. La extrema izquierda, en cambio, no tenía bastante. Desde las páginas de *Regeneración*, Enrique Flores Magón advertía que el pueblo necesitaba tierra, no leyes. Porque las normas jurídicas siempre han de ser interpretadas y no siempre lo son en beneficio del pobre. Desde su óptica libertaria, el texto constitucional no servía para liberar a los pobres sino para fortalecer sus cadenas. Todo lo que no fuera «entrega libre de la tierra a los productores» no representaba, para el líder anarquista, más que una cortina de humo.

7

El vientre de los ejércitos

La Revolución mexicana ofrece una imagen de caos, con tropas que obedecen a distintos gobiernos y a distintos caudillos. ¿Cómo funcionaban esos ejércitos? Señalemos, en primer lugar, que no eran demasiado numerosos. En el apogeo de la lucha armada no suman más de cien mil hombres, sin cubrir nunca la totalidad del país. Sus integrantes se incorporaban a filas por muchas razones, entre las que no faltaban las levas forzadas por parte de todos los bandos. Tradicionalmente, el servicio obligatorio en el ejército constituía una de los peores castigos, como sabían por experiencia varios líderes rebeldes, entre ellos Zapata. La mayoría de las víctimas eran mestizos o indígenas.

Tras derrocar a Madero, Huerta se apresuró a incrementar el ejército sin reparar en medios, echando mano de las arbitrariedades más sangrantes. En las ciudades, según refirió Silva Herzog, cualquier persona podía acabar enrolada a la fuerza sólo por el delito de ir mal vestida, o por estar en una cantina o a la puerta de un teatro cuando empezaba la caza y captura de los nuevos reclutas. Vagabundos, presos, ladrones, trabajadores... Los más débiles tenían más números para acabar convirtiéndose en soldados. Eso fue lo que les sucedió, por ejemplo, a los limpiabotas de Veracruz o a los trabajadores que hacían el turno de noche en Puebla, a los que se acusaba de mendigos. En Ciudad de México, los más pobres preferían no arriesgarse a hacer vida nocturna para evitar que les enviaran al cuartel más próximo, donde les cortarían el pelo y les enseñarían, a toda prisa, a manejar un fusil. Por la misma razón, tampoco acudían a los hospitales. Era menos peligroso sufrir en silencio la enfermedad que arriesgarse a ser enviado al campo de batalla con una preparación prácticamente nula, algo que equivalía, en la práctica, a una condena a muerte casi segura.

En el campo, la conscripción resultaba especialmente traumática. ¿Quién iba a sembrar la tierra si se llevaban a los hombres? Los indígenas del sur, por ejemplo, acababan subidos en trenes camino del lejano norte. Centenares de mayas de Yucatán terminaron así a cientos de kilómetros de su hogar. Por eso, en muchos lugares, se produjeron escenas de resistencia.

No es de extrañar que estos reclutas, con frecuencia adolescentes de quince años o aún más jóvenes, se convirtieran en pésimos soldados. Apenas llegaban al frente desertaban en masa o protagonizaban motines en los que mataban a la oficialidad.

En las regiones septentrionales del país también cundía el descontento. Aunque los rebeldes no habían instaurado un servicio militar obligatorio, hacían todo lo posible por obtener hombres como fuera y donde fuera. Consciente de que los campesinos, igual que los trabajadores de las minas, se mostraban extraordinariamente reacios a luchar fuera de su tierra, Pancho Villa acostumbraba a buscar jóvenes de quince o dieciséis años, porque al no tener familia propia planteaban mucha menos resistencia a marcharse lejos.

Para favorecer el reclutamiento, a los potenciales candidatos se les ofrecía una recompensa económica que se esperaba pagar con el producto de las expropiaciones a la oligarquía. Eso no quiere decir, sin embargo, que no existieran incentivos morales. A muchos les animaba pensar que, tras el triunfo de la revolución, iba a existir «un gobierno de hombres, no de los ricos». Aunque, en otros casos, todo se reducía a cambiar un trabajo duro, como el de las minas, por la pelea en el frente.

Los hombres podían encontrar los más variados motivos para ir a la guerra, incluido el de pasar el tiempo. Las mujeres, más apegadas a los problemas cotidianos, no compartían el mismo entusiasmo. En cierta ocasión, un grupo fue a pedir a Villa que no se llevara a los campesinos de San Isidro. El Centauro, visiblemente incomodado, les respondió que nada lo fastidiaba más que las mujeres pidiendo. Suerte que una de ellas le explicó que, si no les hacía caso, la próxima vez que llegara al pueblo no encontraría ni tortillas ni frijoles.

Por su propio interés, Villa cedió. Nada le preocupaba más que asegurar la subsistencia de sus hombres, consciente de que debía mimarlos si después iba a pedirles que en el campo de batalla se dejaran matar por él. En sus memorias, con su típico sentimentalismo, explica su orden de prioridades: «Todo lo mejor para el soldado; para él los primeros alimentos, para él los primeros zapatos; para él los primeros haberes, para él los primeros cuidados y los mejores agasajos». En

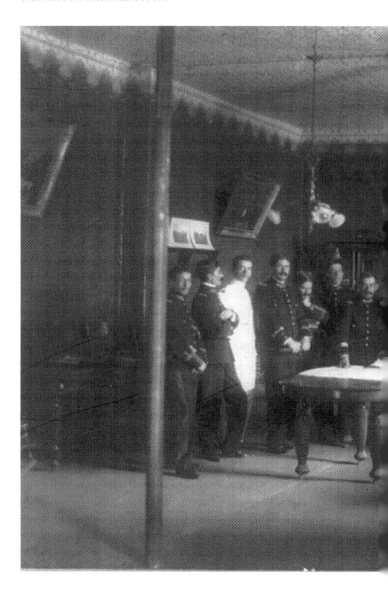

Militares
mexicanos

coherencia con esta filosofía, el Centauro creó el servicio de trenes hospitales más moderno del país, destinado a prestar a los heridos la atención de mayor calidad.

Así debía actuar cualquier general que se preciara porque, si no se preocupaba por el bienestar de los suyos, no merecía sus galones. Villa procuraba dar ejemplo comportándose como un padre para los que luchaban bajo su mando, a los que solía llamar hijitos. Aprendió así a convertirse en un gestor competente, capaz de enfrentarse a diario con problemas continuos para satisfacer, junto a las pagas de los combatientes, las necesidades de alimentación y avituallamiento. Por ello, como señala Katz, «causaba gran impresión en los soldados la forma en que Villa cuidaba de ellos». Uno de sus hombres, por ejemplo, recordaba sus desvelos para atender a las viudas de los caídos y a sus familias.

El Centauro era un ejemplo arquetípico de una nueva clase de jefes, carentes de instrucción formal, a los que la revolución había aupado a la gloria. Su rival, Obregón, se había dedicado al comercio de garbanzos antes de comandar tropas. En ambos casos, la escasa formación no fue obstáculo para que se impusieran a militares de Academia, totalmente sobrepasados por el vendaval de los acontecimientos.

Con las victorias, los generales de la revolución adquirieron un poder político formidable, en detrimento de la autoridad civil, incapaz de frenar sus arbitrariedades. Los nuevos comandantes de los ejércitos, cuya juventud contrastaba con la gerontocracia de los mandos del porfiriato, se convirtieron a menudo en un obstáculo para la estabilidad enfrentándose unos contra otros. Blasco Ibáñez, un republicano pacifista, los retrató con profundo desprecio no exento de un punto paródico: «muchachos agresivos y medio locos que la guerra civil hizo personajes, y para ir de la sala al comedor de su vivienda creen necesario ceñirse antes una canana cargada de cartuchos y una pistola-ametralladora».

¿Prejuicios de extranjero, tal vez? Un revolucionario mexicano, el novelista Mariano Azuela, será igualmente inmisericorde. En *Los de abajo*, los guerrilleros, tras su triunfo, se entregan a una borrachera de destrucción, en la que presumen de haber matado a quien les ha parecido por motivos insignificantes. Azuela, demasiado honrado para ocultar la verdad, sabía que en la revolución había idealistas, pero también asesinos. Uno de ellos, Rodolfo Fierro, lugarteniente de Villa, no tenía inconveniente en disparar contra los prisioneros que se habían rendido e incluso liquidar a uno de sus hombres por quejarse de un herida.

¿Cómo fue posible que unos caudillos inexpertos, a menudo ignorantes, consiguieran arrollar a los profesionales de Porfirio Díaz y más tarde de Victoriano Huerta? Para empezar, porque el ejército federal se hallaba bastante descuidado, con unos efectivos reales mucho más reducidos que los que figuraban sobre el papel. El Estado pagaba tropas que no existían, con un dinero que iba a parar a los bolsillos de los oficiales corruptos. Díaz prefería tolerar esta práctica corrupta a correr el riesgo de que otros militares cayeran en la tentación de rebelarse.

Por otra parte, los soldados, enrolados a la fuerza, poseían una moral de combate bastante baja y aprovechaban para desertar a la menor ocasión. En *Los de abajo*, a uno de ellos le falta tiempo para pasarse al enemigo, con el que comparte unos mismos valores políticos: «Pues yo también soy revolucionario. Los federales me cogieron de leva y entré a filas; pero en el combate de anteayer conseguí desertarme, y he venido, caminando a pie, en busca de ustedes».

Los motivos de los desertores federales para unirse a los alzados saltaban a la vista: dejaban un ejército donde la norma era el maltrato por otro en el que se les ofrecía buena paga y unas condiciones de vida más dignas.

Las tropas gubernamentales, además, no poseían el mismo conocimiento del terreno que los revolucionarios, ni contaban con la misma complicidad entre las clases populares. El protagonista de *Los de abajo*, el guerrillero ficticio Demetrio Macías, es muy consciente de que la supervivencia depende de las redes de complicidades que le envuelven como el agua al pez: «Seguramente ahora sí van a dar con nuestro rastro los federales, y se nos vienen encima como perros. La fortuna es que no saben veredas, entradas ni salidas. Sólo que alguno de Moyahua anduviera con ellos de guía, porque los de Limón, Santa Rosa y demás ranchitos de la sierra son gente segura y nunca nos entregarían…».

La población indígena, obviamente, no permaneció ajena al conflicto. Hábilmente, Obregón incorporó a filas a miles de indios yaquis, a los que prometió, a cambio, la entrega de las tierras que reclamaban. No fue el único jefe en hacer esto, pero sí, como bien dice Krauze, el más astuto y el que más provecho militar sacó de esta práctica.

Corrupción

Como en todas las épocas, el combustible principal que alimentaba la guerra era el dinero. En nuestro caso, los villistas y los carrancistas tenían más fuerza porque podían ofrecer entre peso y peso y medio por día, pillaje aparte. Los zapatistas, en cambio, no llegaron a pagar más que medio peso diario más la alimentación. En cualquier caso, hablamos de salarios elevados comparados con los que corrían en la vida civil.

Los jefes militares manejan cantidades sustanciosas. Eso abre la puerta a las prácticas corruptas, las de aquellos que no distinguen entre las cuentas públicas y las privadas, algo, por otra parte, completamente imposible. ¿Quién va a exigirles un control estricto o siquiera un control? Primero han de cumplir con el deber de mantener a pleno funcionamiento la maquinaria bélica, pero después tienen amplio margen para llevar una vida a todo tren. Paco Ignacio Taibo II lo reconoce de mala gana, refiriéndose a los jefes villistas: «posiblemente dilapidan, derrochan; algunos gastan en comidas, borracheras y putas unos fondos que no tienen contabilidad».

El dinero para lujos sale de distintas vías: los señores de la guerra, por ejemplo, inflan los efectivos para quedarse con las soldadas de hombres que existen sólo en el papel. Otro abuso frecuente consiste en obligar a los particulares a alimentar a los caballos, de forma que el presupuesto destinado a este fin acabe en manos particulares.

Mientras tanto, los distintos bandos deben ingeniárselas para hacerse de munición como sea. Lo normal hubiera sido adquirirla en Estados Unidos, pero la Primera Guerra Mundial hizo que la mayor parte de la producción se destinara a los campos de batalla europeos. Además, desde la incursión de Pancho Villa en Columbus, Washington prohibió el envío de material de guerra a México. Carranza intentó sortear este obstáculo a través de la producción propia. Sin embargo, los Establecimientos Fabriles Militares nunca consiguieron ir más allá de proyectiles de calidad discutible.

El país acabó siendo devastado, no por idealistas que combatieron a favor de unos principios, sino por saqueadores profesionales que aterrorizaron a la población civil, acostumbrada a esperar lo peor de cualquier bando: destrucción, asesinatos, violaciones. Es significativo que los Tratados de Teoloyucan, que sancionaban la derrota de Victoriano Huerta, dedicaran un apartado a establecer que el ejército vencedor, al mando de Obregón, no molestaría a los habitantes de Ciudad de México: «Ningún militar podrá permitirse, sin autorización expresa del general en jefe, solicitar ni obtener nada de lo que sea de la pertenencia de particulares». La preocupación de los capitalinos por evitar el pillaje muestra cuál era el destino que podía aguardar a la población civil en un contexto en el que no existía otra ley que la de la fuerza.

Carranza se sirve de la corrupción para manipular a sus subordinados, permitiendo que gente como Cándido Aguilar o Manuel Diéguez se enriquezcan. No obstante, antes de rasgarnos las vestiduras, preguntémonos si podía hacer otra cosa o no, ya que es bastante plausible que una política de disciplina hubiera irritado a su ejército, tal vez hasta el extremo de provocar un motín. Por eso, la Secretaría de Guerra prefería no exigir cuentas, tal como comprobamos en el caso del general Jesús A. Castro, quien se ocupó en 1918 de una reorganización de las finanzas castrenses en Chihuahua. Llevaba órdenes muy explícitas: «Evitar violentar al general Murguía, y no investigar cuentas pasadas por temor a que se rebele».

Según Javier Garciadiego, a muchos militares no les preocupaba vencer ya que la continuidad de las hostilidades favorecía sus intereses privados: «Les convenía seguir luchando, pues además de recibir su salario, así fuera tarde o incompleto, tenían la

Mujeres y niños refugiados tras una batalla.

oportunidad de lucrar con la población pacífica, con los recursos gubernamentales y hasta con los bienes de los alzados».

De hecho, entre los comandantes constitucionalistas, no eran pocos los que preferían dedicarse más a los negocios que a la guerra. Sus negocios incluían, en ocasiones, trapicheos como la venta de munición al enemigo, tal como atestiguan las denuncias presentadas en la Secretaría de Guerra. La debilidad del gobierno había dado alas a los jefes locales del ejército, que había alcanzado una independencia que los convertía en una especie de sátrapas. Su influencia no se reducía al ámbito castrense ya que constituían el centro de una red de relaciones que abarcaban el mundo económico pero también el político. Ellos colocaban a sus parientes y amigos al frente de los gobiernos provisionales y de otros cargos, de manera que su gente monopolizaba el poder de tal forma que las elecciones, cuando por fin se celebraban, se veían desnaturalizadas por completo.

Así las cosas, no es de extrañar que el ejército constitucionalista fuera especialmente temido y detestado. No encontró fácilmente quien aceptara venderle provisiones ni abastecerle de forraje. La gente recordaba desmanes como el saqueo de Pilar de Conchos, en el que habían arrasado con todo, tal como refleja un testimonio recogido por Paco Ignacio Taibo II: «Los carrancistas perjudicaron mucho al pueblo porque llegaban y agarraban todo lo que querían. Se metían en las casas a la fuerza, molestaban a las mujeres y saqueaban todo. Se llevaban animales, ropa, comida, todo lo que había».

En consecuencia, sus enemigos, zapatistas y villistas, resultaban bienvenidos como encarnación del mal menor.

Claro que lo de mal menor resulta, en ocasiones, muy relativo. El caudillo villista Inés Chávez, tras hallarse a las puertas de la muerte, dejará de ser el personaje honesto que todos habían conocido para convertirse en el quinto jinete del Apocalipsis, dedicándose a matar sin freno y a violar a las mujeres delante de sus maridos.

AUTODEFENSA DE LOS CIVILES

Frente a los desafueros de los grupos armados, la gente de los pueblos trata de protegerse con la creación de las Defensas Sociales, voluntarios bajo el liderazgo de una figura respetada por la comunidad. Este tipo de cuerpos apareció en tiempos de Madero, para adquirir preponderancia bajo el huertismo. Por entonces se ocupaban de colaborar con el ejército federal, aunque con eficacia discutible. Según Alan Knight, la Defensa Social «no parecía sino un recurso de conservadores ricos».

Más tarde, entre 1917 y 1918, surgieron al menos un centenar de estas organizaciones, sobre todo en Chihuahua. Como ya señaló Jean Meyer, su labor se realizó en condiciones muy difíciles, a menudo con métodos expeditivos, hijos de la necesidad. De ahí que se acabe prohibiendo la entrada en una localidad a todos los extraños, fueran del bando que fueran. A los desconocidos se les fusilaba, porque nunca se sabía si podían ser espías que preparaban el trabajo a los futuros saqueadores.

Consciente del daño que podían hacerle, Villa intentó convencer a los miembros de las Defensas para que se unieran a él. En Conchos, reunió a los ancianos y les pidió que persuadieran a sus hijos para que abandonaran estos grupos, contra los que él no deseaba combatir. ¿Por qué estaban en contra suya si no les había hecho nada? Aunque en algún caso llegó a tenerlos como aliados, lo habitual fue lo contrario, que se encontrara con que le cerraban el paso y le presentaran como un delincuente. Así, en un manifiesto de las Defensas de San Antonio de Arenales, se aseguraba que «el bandido Villa» raptaba a inocentes muchachas para repartirlas entre sus forajidos.

Si la confrontación era inevitable, el Centauro del Norte reaccionaba con brutalidad, dispuesto a exterminar como fuera a estos civiles, porque, como dice Paco Ignacio Taibo II, no podía sobrevivir si «le mermaban su base social y volvían el territorio un rompecabezas de delatores, emboscadas y enemigos enmascarados». Cuando tuvo oportunidad, el general Ángeles trató de convencerle de que no se trataba de mala gente: simplemente tenían miedo a que Villa los pasara por las armas.

La ley que impera, en cualquier caso, es la del más fuerte. Así, en marzo de 1919, la policía de Zamora arresta a un capitán carrancista, un tal Miguel Anaya, por robar ganado. Sin embargo, el superior de Anaya, un coronel llamado Cristóbal Limón, le devuelve la libertad. La cosa no queda aquí: el alcalde de la localidad y dieciséis de sus hombres son fusilados, para que nadie se atreva en adelante a desafiar a los militares.

En otras ocasiones, sin embargo, son los civiles los que tienen éxito. Juan Carranza, por ejemplo, conseguirá limpiar Querétaro de bandidos. En Michoacán, Prudencio Mendoza será igualmente estricto con todos los delincuentes, sin que le importe si son villistas o gubernamentales.

LAS SOLDADERAS

Después del dinero, son las mujeres las que hacen posible que los ejércitos se tengan a pie, se trate ya de las tropas federales o de las facciones revolucionarias. Su intervención en el conflicto se produce de distintas formas, la mayoría en consonancia con lo que se espera de su condición femenina. El de enfermera constituye un trabajo socialmente aceptable, inspirado en el estereotipo del ángel de hogar, aunque en más de una ocasión implique verdadero riesgo físico: las protagonistas se deslizan por los campos de batalla para trasportar a los hombres que caen heridos hasta los hospitales.

La naturaleza humanitaria de su labor no tardó en verse contaminada por consideraciones políticas. Así, al poco de estallar la revolución, la Cruz Roja Mexicana se negó a atender a los rebeldes. Según explicó su presidenta, Luz González Cosío de López, ello se debía a la antipatía social que suscitaban los sublevados. Esta demostración de partidismo motivó la creación, en mayo de 1911, de la Cruz Blanca

Elena Arizmendi, fundadora de la Cruz Blanca Neutral.
Una mujer, según Vasconcelos, «bailarina, bohemia y
escandalosamente bella».

Neutral, bajo el liderazgo de Elena Arizmendi Mejía.
Su primer cometido fue el auxilio de los heridos en
las campañas de Ciudad Juárez y Chihuahua.

Por el lado revolucionario también encontramos
casos de parcialidad. Leonor Villegas de Magnón,
defensora del carrancismo, se negó a que la Cruz

Blanca Constitucionalista socorriera a los heridos del ejército federal. En su opinión, una postura equidistante hubiera representado una indefinición culpable cuando la situación de México reclamaba un compromiso claro.

Pero la memoria del protagonismo femenino en la revolución ha sido casi monopolizada por las míticas soldaderas, también llamadas vivanderas, chimiscoleras, juanas, cucharachas o mitoneras, entre muchas otras denominaciones. Acompañaban a sus hombres, les hacían de comer, curaban sus heridas, compartían su lecho y hacían la guerra con el mismo valor. Un corrido de la época refleja esta función de chicas para todo: «Abnegada soldadera de tu bien querido Juan, tú le cubres la trinchera con tus ropas de percal, y le das la cartuchera cuando se pone a tirar». Como señala Friderich Katz, los comandantes sabían que debían permitir a sus soldados que las llevaran consigo. De esta manera, aceptaban con menos objeciones marcharse a pelear a territorios lejanos. En cambio, cuando luchaban en zonas próximas a sus hogares, como sucedió con los maderistas en los inicios de la revolución, sus compañeras acostumbraban a quedarse en casa.

Estas mujeres sirvieron unas veces de espías o transportaron armas clandestinas, escondidas bajos sus faldas. Otras tomaban el fusil y peleaban en el campo de batalla, aunque tuvieran que disfrazarse de hombres. Constituyeron una retaguardia doméstica, pero también se podían encontrar a la vanguardia de las tropas, porque así podían tener listo el fuego y la comida para cuando llegaran los soldados. Si se trataba de buscar alimento, eran capaces de sobrevivir donde otros morían, arrasando con todo si era necesario. Por donde pasaban, según Blasco Ibáñez, no quedaba «árbol con fruta, campo con verdura, corral con gallina, ni establo con cerdo». De ahí que la población civil las temiera incluso más que a los combatientes masculinos. Sin embargo, no siempre sus métodos fueron rotundos. Hubo ocasiones en las que se decicaron a intercambiar productos, pacíficamente, con las soldaderas del bando contrario, a las que pagaban los víveres hasta con municiones.

Su origen puede rastrearse hasta las guerras de la independencia. En un mundo donde los servicios logísticos brillaron por su ineficacia, ellas consiguieron que la maquinaria bélica funcionase. Por eso, su función resultó imprescindible. Como bien dice Elena Poniatowska, «sin las soldaderas no hay Revolución mexicana: ellas la mantuvieron viva y fecunda, como la tierra». Si no hubieran existido, los hombres, reclutados a la fuerza, no hubieran tardado en desertar.

No constituían un colectivo heterogéneo, ni mucho menos. El tópico las presenta como criaturas sumisas que obedecían a sus hombres con fidelidad perruna y abnegación total. «Ni lucha ni dólares ni crueles sinsabores mi fe quebrantarán», reza un corrido titulado *Llegada de la soldadera*. La historiografía feminista, por su parte, gusta de acentuar su faceta de heroínas de acción, tan valientes o más que los soldados masculinos. Tal vez lo más objetivo sea admitir la diversidad de sus circunstancias y motivaciones: seguir a un ser querido, ganarse la vida, combatir por una causa política.

Aunque intervinieron en muchas batallas, convirtiéndose en capitanas y coronelas, muchos jefes militares las despreciaban y procuraban alejarlas del frente, alegando que traían mala suerte u otras excusas. Otro asunto es que ellas, mujeres de armas tomar, hicieran caso. El periódico *El País*, en su edición del 6 de enero de 1914, aporta un detalle ilustrativo. En Tenango del Valle, las tropas federales, mientras se enfrentaban con un grupo revolucionario, constituyeron una columna de setecientos efectivos que emprendió marcha hacia Tepexoxuca. Cuando las soldaderas se dispusieron a seguir a sus hombres, el teniente coronel les aconsejó que renunciaran al viaje ya que les esperaba un recorrido penoso. Sin embargo, unas cincuenta le desobedecieron e iniciaron el camino.

Por incidentes como este, Pancho Villa prefería que las mujeres permanecieran al margen el ejército. Las consideraba un obstáculo para garantizar la disciplina en el campamento, así como un estorbo para los rápidos movimientos de la caballería. Por eso las alejaba de primera línea, alegando que así garantizaba su protección. Medida inútil. En cuanto se marchaba, las soldaderas tomaban de nuevo el fusil y regresaban al combate. No obstante, Villa no era el comandante más opuesto a la presencia femenina en el ejército. Friedrich Katz indica que «no les impedía incorporarse y viajar en trenes militares, aunque sí intentó limitar su número». Los miembros de su cuerpo de élite, los Dorados, tenían prohibidos los servicios de las soldaderas.

Pese a sus acentuados prejuicios machistas, típicos del país y de la época, el Centauro del Norte tuvo que admitir los méritos de María Quinteras de Meras, una de las escasísimas oficiales de su ejército, de quien *El Paso Morning Times* decía que disparaba «tan bien como cualquier hombre». Según el citado periódico, María encabezó numerosos ataques desesperados. Tal era su valor que sus seguidores la creían dotada de una fuerza sobrenatural.

Como luchadoras, tuvieron que sufrir los horrores de una guerra en la que hasta los caballos recibían mejor trato. Fueron víctimas de secuestros, de violaciones y de ejecuciones. En cierta ocasión, Villa hizo

Soldadera.

ajusticiar a noventa después de que una soldadera disparara contra él. Como no pudo averiguar quién había intentado matarlo, decidió eliminarlas a todas. En esos momentos, Villa ya no era un guerrero victorioso sino un guerrillero que se batía a la defensiva, abandonando el respeto hacia la población civil que le había caracterizado durante sus mejores días.

En *El Llano en llamas*, su cuento más célebre, Juan Rulfo incluye una escena que muestra a las claras cómo las mujeres se convirtieron en botín para las tropas de saqueadores: «Casi estaba seguro de que su padre era aquel viejo al que le dimos su aplaque cuando ya íbamos de salida; al que alguno de nosotros le descerrajó un tiro en la cabeza mientras yo me echaba a su hija sobre la silla del caballo y le daba unos cuantos coscorrones para que calmara y no me siguiera mordiendo». La muchacha, de apenas catorce años, se resiste a ser la compañera de un bandido. Él reacciona con violencia, como si se tratara de domesticar a un animal salvaje: «me dio mucha guerra y me costó buen trabajo amansarla. Poco después, sucede lo que tiene que suceder: el embarazo no deseado. La madre sólo tiene una esperanza, que su hijo sea gente buena y no, como su padre, un asesino».

El relato de Rulfo nos muestra cómo, al contrario de lo que pretende la leyenda, en el comportamiento de las soldaderas no hay romanticismo. Unas siguen a sus seres queridos, pero otras están donde están a la fuerza o en una situación que no se diferencia de la prostitución pura y simple. Si su compañero muere, buscan otro aunque ello implique cambiar de trinchera. Blasco Ibáñez ya lo apuntó en uno de sus reportajes: «Son de una fidelidad inquebrantable para su hombre, pero pasan sin vacilación alguna a unirse con otro cuando el anterior ha muerto o vive y las repudia». Según el escritor valenciano, los emparejamientos atendían a consideraciones prácticas, sin espacio para los sentimientos. Lo importante en la soldadera no era su belleza, ni su personalidad, sino su capacidad de resistencia para el trabajo y su talento como cocinera. Por eso no era extraño que soldados de quince años estuvieran con mujeres que les doblaban o triplicaban la edad, mientras muchachas muy jóvenes se ocupaban de alimentar a combatientes que podían ser sus abuelos.

En estos casos, no son las razones ideológicas las que impulsan a las soldaderas, sino la fidelidad a su hombre, que es quien decide del lado de quién se lucha. John Reed, cuando le preguntó a una de ellas por sus motivos para combatir, se encontró con una respuesta rotunda y clarificadora: «Porqué él lo hace». Hay que ser prudente, por tanto, antes de levantar el mito de la soldadera como mujer libre. Cierto que algunas cambiaban de hombre cuando querían, pero la mayoría tenían un único compañero, al que acostumbraban a someterse. Lo comprobamos en el caso de un soldado, un tan Filadelfo, que insistió a su reticente compañera para que le acompañara a la batalla, tras anunciarle que se iban a pelear porque habían matado a Francisco Madero. Ella debía seguirle porque, de otro modo, él se moriría hambre. ¡Quién haría sus tortillas sino su mujer! El resultado fue un desastre. La pobre chica, embarazada, tuvo que dar a luz en el desierto y perdió a su hijo por falta de agua.

Sin duda, la soldadera más famosa es la protagonista del corrido que incluye estos famosos versos: «Si Adelita se fuera con otro la seguiría por tierra y por mar; si por mar en un buque de guerra, si por tierra en un tren militar». Sobre el origen de esta canción hay muchas y contradictorias versiones. Una de las más plausibles indica que la composición se inspiró en Adela Velarde Pérez, una muchacha que en 1913, con apenas catorce años, se incorporó a las fuerzas carrancistas, sirviendo de enfermera en batallas como las de Torreón, Parral o Santa Rosalía. No obstante, también hay quién la sitúa en las filas villistas.

Tras la revolución, fueron muy pocas las que vieron reconocidos sus méritos. Rara fue la que recibió una pensión, siempre tan exigua que apenas le permitía adquirir los alimentos básicos.

8

El carrancismo

A regañadientes, Carranza aceptó la Constitución, pero se negó a hacerla cumplir en toda su extensión, para decepción de los que aguardaban medidas sociales. Por otra parte, establecer una democracia no resultaba fácil en un país donde este sistema carecía de auténtica tradición. En esos momentos, había que elegir a nuevas autoridades, mientras se suponía que los militares debían acatar al poder civil, algo que no estaban dispuestos a hacer de buen grado. Para todo faltaban puntos de referencia y todo se hacía un poco a tientas.

El día después de promulgada la Carta Magna, Carranza convocó los comicios de los que saldría convertido en presidente electo. Mientras tanto, en varios estados, comenzando por el de Jalisco, se procedió a la elección de nuevos gobernadores.

Por desgracia, la persistencia de los viejos métodos autoritarios no contribuyó a la plena democratización. El gobierno parecía una versión actualizada del viejo porfiriato, con su forma de controlar el Congreso y mantener a la prensa callada a través de la distribución partidista de subvenciones. Sin embargo, en otros aspectos, el país avanzaba. En abril de 1917, la Ley de Relaciones Familiares legalizó el divorcio, al tiempo que establecía que el marido y la mujer poseían la misma autoridad en el espacio doméstico. En adelante, las casadas iban a disponer de mayor autonomía, al permitírseles, por ejemplo, administrar sus propias posesiones. No obstante, todas estas reformas se circunscribían sólo al ámbito privado. Porque la vida pública, por definición, aún pertenecía en exclusiva al hombre.

LA VIOLENCIA PERSISTENTE

México aún no estaba pacificado por completo. En palabras de Jesús Romero Flores, la primera preocupación de Carranza, en el terreno militar, fue «el exterminio del villismo en los estados fronterizos». Villa ya no era el formidable caudillo de sus momentos de apogeo, pero, aun así, constituía una amenaza no desdeñable que impedía al gobierno controlar el estado de Chihuahua más allá de las ciudades. Con el Centauro del Norte la confianza siempre podía ser traicionera, porque había demostrado una sorprendente capacidad para resurgir de sus propias cenizas. Cuando parecía acabado se volvía más peligroso. Lo demostraría, por ejemplo, con su breve conquista de Ciudad Juárez en junio de 1919.

Los zapatistas, mientras tanto, se debilitaban víctimas de las discordias intestinas, en medio de un ambiente de recelos mutuos e incluso de paranoia. Entre sus filas se produjo una purga implacable,

Otilio Edmundo Montaño Sánchez (1887-1917), uno de los colaboradores más próximos de Zapata. Fue ejecutado, acusado de traición.

que la memoria histórica del movimiento ha pasado por alto ya que las ejecuciones y las expulsiones no cuadran con los valores de idealismo y pureza. Todo un artífice del Plan de Ayala, Otilio Montaño, acabó fusilado, acusado de traición. El mismo cargo justificó la ejecución de los generales Francisco V. Pacheco y Lorenzo Vázquez. Manuel Palafox, destituido, huyó y llamó a la rebelión contra Zapata, presentándose como líder de un nuevo movimiento agrarista que no tuvo ninguna incidencia. Las autoridades carrancistas, mientras tanto, hicieron todo lo que estuvo en su mano para favorecer este proceso de descomposición, al tiempo que promovían una política de represión salvaje.

Faltos de recursos económicos y medios militares, cada vez más aislados, los rebeldes de Morelos estaban condenados al fracaso. Se ha insistido en su renuencia a establecer alianzas, aunque eso no es del todo cierto. Según Frank McLynn, la obsesión de Zapata por constituir un frente popular alcanzó su apogeo en el verano de 1918. Casi cualquier enemigo de Carranza recibió una propuesta en este sentido, desde Villa a Obregón o los estadounidenses. Por desgracia, este afán por buscar amigos era un signo bastante claro de desesperación. En la práctica, ningún pacto pudo concretarse.

Aparte de villistas y zapatistas, permanecían en pie de guerra los soberanistas de Oaxaca, los finqueros de Chiapas, contrarrevolucionarios diversos como Félix Díaz, en Veracruz. Este último, según *El demócrata fronterizo*, cada día iba adquiriendo mayor influencia como jefe de partido. Primero se apoderaba de un pequeña población sureña, después de otra.... Así hasta llegar a infundir miedo en el gobierno carrancista. Su rebeldía, según el historiador Pedro Castro, fue un intento a la desesperada de los viejos porfiristas por neutralizar el avance revolucionario.

Aparte de los que luchaban por una causa, con más o menos sinceridad, se hallaban las múltiples bandas de salteadores, ajenos a motivaciones políticas, que se dedicaban a toda clase de tropelías, como el incendio o el descarrilamiento de trenes para robarlos. Las víctimas eran civiles indefensos.

La presencia de todos estos grupos obligaba a destinar a usos militares la mayor parte del presupuesto nacional, de forma que resultaba imposible utilizar más fondos en promover el desarrollo. Se generaba así un círculo vicioso: la parálisis económica generaba desempleo, la falta de expectativas lanzaba a los desheredados a la lucha armada, en la que al menos tenían una forma de subsistencia, y la proliferación de prácticas violentas impedía el camino hacia la prosperidad. En medio de una crisis de tales proporciones, nadie parecía ver una salida. Era muy difícil reactivar un país en el que los años de conflicto habían provocado cuantiosos daños materiales, a la vez que una considerable pérdida de capital humano en forma de empresarios y profesionales muertos o exiliados. A todo ello se unía la falta de inversión extranjera por la duración de la Primera Guerra Mundial.

El año 1916 fue catastrófico para el país, sometido al azote de la gripe española y del hambre. En Chihuahua, según Ramón Puente, biógrafo de Pancho Villa, reinaba la desolación: «Los ganados se han agotado por completo y en ocasiones lo único que se encuentra es maíz para comerlo tostado, o carne de burro que se revuelca en ceniza para salarla». En Durango, los campos se habían despoblado, con una caída demográfica del cincuenta por ciento. Morelos, mientras tanto, había quedado convertido en un páramo, víctima de la política de tierra quemada de las tropas gubernamentales y de la epidemia de gripe. La miseria fue un obstáculo insuperable para el zapatismo, al impedir que la guerrilla contara con recursos suficientes para la resistencia.

Pese a las dificultades, los carrancistas desarrollaron una labor reformista muy intensa. Ellos eran los portadores del progreso e iban a iluminar con él al sur oscurantista. Impulsaron, con este fin, las obras públicas y la educación, al tiempo que legislaban para evitar que los peones quedaran sometidos a sus patronos por deudas. Sin embargo, pese a estos cambios, en muchos territorios se les miraba con aprensión. Se les acusaba de introducir el desorden en estados que

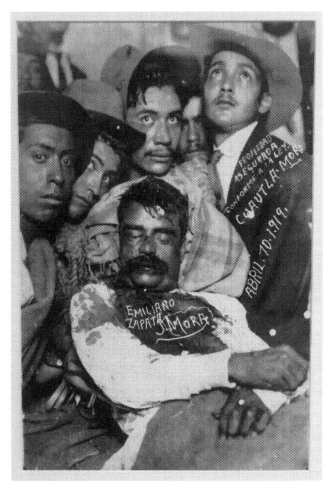

Muerte de Zapata. El líder campesino fue traicionado por Jesús
Guajardo, quien le hizo creer que pensaba unirse a sus filas.

hasta ese momento habían permanecido al margen de las turbulencias revolucionarias.

El gobierno se dedicó a someter a los rebeldes con una innecesaria violencia. Zapata fue eliminado en una emboscada que provocó una formidable conmoción entre sus partidarios. Hubo rumores de que no había muerto, se supuso que el difunto era un subordinado y que el caudillo había escapado al exilio. Algunos lo hacían viviendo entre los árabes, que lo trataban como si fuera un dios. Se abrió paso la idea milenarista de que el líder campesino acabaría por regresar, tal como rezaba un célebre corrido: «Arroyito revoltoso, ¿qué te dijo aquel clavel? Dice que no ha muerto el jefe, que Zapata ha de volver». Estos versos traen a la memoria leyendas parecidas como la del sebastianismo, en torno al esperado regreso del rey de Portugal tras la incorporación del país a España. ¿Muestra, tal vez, de que el campesinado mexicano se movía aún en parámetros premodernos?

El asesinato hizo que cundiera la desmoralización entre los revolucionarios sureños. Algunos se rindieron, como el grupo liderado por el general Fortino Ayaquica. Otros continuaron la resistencia, bajo el mando de Genovevo de la O y Everardo González. La prensa oficialista, mientras tanto, festejó la desaparición del «famoso Atila». Con su muerte, la república se desembarazaba de un «elemento dañino».

Zapata no fue el único en correr un fin trágico. El general Felipe Ángeles, asesor de Pancho Villa, murió ante un pelotón de fusilamiento.

El espejismo civilista

Carranza trató de perpetuarse en el poder escogiendo como sucesor a un hombre de paja, el ingeniero Ignacio Bonillas, embajador de México en Estados Unidos. Creía que el nuevo presidente debía ser un civil, de forma que se pusiera fin de una vez a la desastrosa tradición de militarismo. El mal del país, le dijo en una entrevista al escritor español Vicente Blasco Ibáñez, había sido y seguía siendo ese: «Sólo muy contados presidentes fueron hombres civiles. Siempre generales, ¡y qué generales!… Es preciso que esto acabe».

En este aspecto, su propósito iba bien encaminado. La propaganda electoral insistió en la idea de que Bonillas iba a poner fin al militarismo y, con él, a las revoluciones que llevaban tanto tiempo ensangrentando el país. México tendría, por fin, un político amante de la paz y del trabajo, no otro general perturbador del orden. Una y otra vez, sus partidarios recordaban que él no había fusilado a nadie, para distanciarlo así de su principal rival, Obregón. Sólo que Obregón, pese a ser un caudillo victorioso, también procuraba marcar distancias respecto al mundo castrense, asegurando que estaba muy lejos de su intenciñon encarnar el militarismo. Tan sólo era un simple ciudadano que en un momento dado había tomado las armas para defender la revolución. Alcanzada la victoria, volvía a ser un mexicano más. Con estas declaraciones en mente, Blasco Ibáñez hablaría de «la manía del civilismo» que les había entrado a todos los generales.

La propaganda a favor de Bonillas fue masiva, cara… y contraproducente. Muchos supusieron que Carranza pagaba los gastos, naturalmente con dinero público. Los simpatizantes de Obregón aseguraban que se había gastado una millonada en financiar los miles de retratos y las montañas de papel. Fuera verdad o no, el efecto fue el mismo, desacreditar al candidato oficialista. Pero el problema de fondo no era ese, sino la propia irrelevancia de Bonillas, un hombre que había vivido mucho tiempo fuera del país, prácticamente desconocido para la mayoría de los mexicanos. Carranza supuso que un personaje débil, sin ningún partido que le apoyara, una vez en el poder no se atrevería a llevar una actuación independiente. No contó con que el antiguo embajador iba a ser rápidamente ridiculizado por la opinión pública, que le colocó un mote estrafalario. Blasco Ibáñez lo explicaba así:

> Entre las canciones nacidas en la capital de España que ruedan por los teatros y *music-halls* de todos los países americanos de lengua española, hay una que se ha hecho popularísima. Es la historia de una pastorcita abandonada y vagabunda, que ignora dónde nació y cuáles fueron sus padres, que no puede decir nada de su origen y sólo sabe que su apodo es Flor de Té.
> El maligno público de México bautizó inmediatamente al candidato de Carranza, venido del extranjero, y que nadie sabía quién era ni adónde podía ir. «¡Viva Bonillas! ¡Viva Flor de Té!»

Obviamente, Bonillas era un aspirante de muy corto recorrido, con apoyos escasos fuera de los círculos oficiales. Carranza no se preocupó de construir una fuerza que le facilitara el triunfo electoral. El Partido Civilista, en la práctica, resultó intranscendente, aparte de estar dirigido, contradictoriamente, por tres generales: Federico Montes, Cándido Aguilar y Juan Barragán. De ahí que un historiador, Lorenzo

Ignacio Bonillas, aspirante a suceder a Carranza en la presidencia. Su candidatura fue un completo fiasco.

Meyer, afirme que al civilismo le quedaba «un buen trecho antes de convertirse en una realidad».

Los pocos seguidores del candidato carrancista se contaban entre la clase media-baja, pequeños propietarios y comerciantes, cansados de las continuas turbulencias políticas y militares. Pero, en esos momentos, la promesa de estabilidad nada tenía de original. Todos los candidatos aseguraban al país que el final del túnel se hallaba próximo. El general Pablo González, tercer contendiente en discordia, aunque sin posibilidades reales, se dirigía a los votantes asegurándoles que México tendría paz si él salía elegido.

El hecho de ser impuesto desde arriba contribuyó a que Bonillas se enajenara la simpatía popular. El hombre de pie, acostumbrado a los trapicheos de los políticos, desconfiaba de la limpieza de los comicios, por lo que tendía a pensar que el gobierno acabaría imponiendo su voluntad, pensara lo que pensara el pueblo. El español Blasco Ibáñez expresó este sentimiento de impotencia con una claridad rotunda: «En México, el que vota sabe que ejercita una función inútil. Siempre será, finalmente, lo que quieran los de arriba».

Seguramente por esa razón, la ciudadanía presenció la disputa por la sucesión presidencial como algo ajeno, concerniente tan sólo a la élite política. Un corrido de la época resumió magistralmente la indiferencia generalizada: «El pueblo está muy sereno /al mirar aquesta homilia / y dice con mucha calma / son asuntos de familia» (homilía sin acento para permitir la rima).

EL ELEGIDO DE LA VICTORIA

Obregón presentó su propia candidatura e inició una gira política al estilo de las que había hecho Madero, en la que se lució con un gran estilo oratorio del que carecía Carranza. «Cultivó un tono fanfarrón, bromista, populista», nos dice el historiador Alan Knight.

No dudaba en reunirse con todo tipo de gente, políticos, antiguos veteranos de guerra, obreros, campesinos… Incluso llegó a poner en riesgo su seguridad personal, exponiéndose a un atentado. Entre tanto, repetía a propios y a extraños que nada impediría que fuera elegido, a no ser que Venustiano Carraza, el «viejo barbón», falseara las elecciones. En ese caso, no dudaría en levantarse en armas contra el presidente.

En palabras de Krauze, su campaña demostraba la actitud pragmática de cualquier empresario moderno. No era la ideología lo que más importaba sino la oportunidad, el esfuerzo y la técnica de ese esfuerzo. Así, en sus múltiples discursos, se labró una gran popularidad, construida a partir de su fama de soldado victorioso y de su imagen de hombre progresista, favorable a las aspiraciones de obreros y campesinos. Jesús Romero Flores, en sus *Anales de la Revolución*, hablará elogiosamente de su «intransigencia demostrada en muchas ocasiones contra los eternos enemigos de la clase proletaria, como lo son capitalistas y clericales». En realidad, más que intransigencia era demagogia, la del malabarista capaz de decir a cada uno de sus auditorios lo que más convenía para halagarlo. Según Martín Luis Guzmán, «sus creencias, sus sentimientos, eran como los del mundo del teatro, para brillar frente a un público».

No es de extrañar, pues, que se ganara el respaldo de la Confederación Regional Obrera Mexicana. Con los líderes de esta central establece un pacto secreto, por el que se compromete, en cuanto llegue al poder, a nombrar un ministro de Industria y Comercio afín a los sindicalistas, a crear un Departamento de Trabajo autónomo y a promulgar la Ley del Trabajo.

En adelante, cualquier tema que afectara a los obreros se consultaría con la CROM. A cambio, los sindicalistas constituyen el Partido Laboralista Mexicano y defienden la candidatura de su aliado a la presidencia.

Entre las trabajadoras, Obregón no disfrutaba de un menor predicamento. En una manifestación a su favor, mil quinientas costureras de Ciudad de México se hallaban a la cabeza de la multitud. «Las mujeres muestran una afición puramente espiritual por este soldado francote, que habla con todos como si fuesen sus iguales», escribió Blasco Ibáñez en uno de sus reportajes.

El ambiente político, ya de por sí crispado, se envenenó aún más a raíz de un acontecimiento un tanto misterioso, el denominado Cónclave de Gobernadores. Los asistentes proclamaron, públicamente, que no pensaban inmiscuirse en asuntos electorales. La opinión pública, sin embargo, les interpretó de otra manera. Al no asistir los gobernadores de tendencia obregonista, fue fácil imaginar que el verdadero motivo del encuentro había sido respaldar la candidatura de Bonillas. Obregón no perdió ocasión de ridiculizar el conciliábulo, al declarar que ver a ciertos gobernadores hablar de garantizar el sufragio era como si los criminales prometieran que iban a prevenir el robo y defender la propiedad.

Si Porfirio Díaz puso trabas a la candidatura de Madero, Carranza hizo lo propio con la de Obregón. Después de una de sus intervenciones, la policía detuvo a tres de sus partidarios, que fueron golpeados, arrestados e incomunicados. La inconsecuencia era patente: un gobierno que decía respetar las libertades democráticas utilizaba métodos propios de una dictadura. Con este gesto torpe, el carrancismo sólo consiguió desprestigiarse.

El general Álvaro Obregón en 1917. Aparece sin el brazo
derecho que había perdido en combate.

Obregón permaneció sometido a vigilancia, hasta que el gobierno ordenó que compareciera a declarar en un juicio por rebelión: se decía que estaba implicado porque el acusado, Roberto F. Cejudo, lugarteniente de Félix Díaz, poseía instrucciones suyas que así lo demostraban. En lugar de acudir, Obregón se disfrazó de ferrocarrilero y escapó de Ciudad de México. Parecía lógico que se dirigiera hacia el norte, hacia Sonora, su estado natal, pero hizo justo lo contrario. Se encaminó hacia el sur, reuniéndose en Guerrero con personalidades militares y políticas que le eran afectas. Sus aliados zapatistas le condujeron a Chilpancingo, donde la mano de Carranza no podía alcanzarle.

Poco después, el 20 de abril de 1920, lanzó un manifiesto en el que reprochaba a Carranza utilizar los recursos públicos para imponer la candidatura de Bonillas. Por ello, se ponía a las órdenes del gobernador de Sonora, Adolfo de la Huerta, «para apoyar su decisión y cooperar con él hasta que sean depuestos los altos poderes».

Ahora estaba en condiciones de regresar a la capital y dirigir el asalto a la presidencia. Aprovechaba así en beneficio propio el deterioro de las relaciones entre los dirigentes del estado de Sonora y del gobierno federal, que parecían haber alcanzado un punto de no retorno. Dos conflictos agravaron la mutua hostilidad. El primero estalló cuando Carranza declaró que las aguas del Río de Sonora pertenecían a la Administración Central, una decisión que hubiera sido polémica en circunstancias normales, pero que resultó explosiva en aquellos momentos. Como ninguna de las múltiples reclamaciones consiguió la anulación de la medida, la tensión creció a un nivel peligroso. Sonora suspendió la relación con el gobierno de Carranza y dio órdenes al general

Plutarco Elías Calles para que hiciera frente a una posible amenaza militar.

El segundo motivo de enfrentamiento se produjo cuando De la Huerta concluyó un acuerdo de paz con los indios yaquis. Todo parecía ir bien, pero Carranza se negó a ratificar el tratado, dejando al gobernador sonorense en una posición desairada.

La tirantez, finalmente, se resolvió por medio de las armas. Consciente de que se preparaba una rebelión, el presidente federal envió tropas a Sonora. Tras fracasar los intentos de negociación, los poderes del estado hicieron público un manifiesto contra la política centralista. A partir de aquí, la insurrección prendió en otros territorios. Sinaloa fue el primero en alzarse, seguido por Michoacán.

El Plan de Agua Prieta, del 23 de abril de 1920, desconoció a Carranza y suscitó una amplia adhesión dentro del ejército, pero también en el mundo civil, como demuestran las múltiples simpatías que cosechó entre la clase política. En poco tiempo, los generales insurrectos se multiplicaron. Políticamente aislado, el presidente huyó con el Tesoro Nacional hacia Veracruz, donde esperaba disponer de las tropas del general Aguilar. Pensaba establecer allí su gobierno, con la intención de resistir, entre otros motivos por una cuestión de principios: «El poder público no debe ya ser premio de caudillos militares cuyos méritos revolucionarios no excusan posteriores actos de ambición». Puso por ello en marcha una enorme comitiva en la que se trasladaban diputados, burócratas, soldados…

El viaje iba a ser más accidentado de lo esperado, en medio del hostigamiento de fuerzas enemigas y la falta de alimentos, agua y combustible. Al principio, Carranza consiguió repeler a sus contrarios, pero su situación se volvía más y más desesperada, sin poder evitar que las deserciones se multiplicaran entre sus filas. Procedente de la capital, una fuerza al mando del general Treviño se dispuso a perseguir al convoy, que en esos instantes ya no podía avanzar, al tener el paso cortado por más de veinte mil rebeldes, ni tampoco retroceder. Había llegado el momento del sálvese quien pueda.

Asediada por todas partes, la columna se presento en Tlaxcalantongo. De madrugada, un grupo armado asaltó la choza donde dormía Carranza, que murió asesinado. No obstante, también es posible que se suicidara al verse perdido.

Los historiadores se han preguntado cómo es posible que el gobernante mexicano más capaz de su época pudiera acabar de tan mala manera. La explicación más plausible apunta a su progresivo aislamiento político, de forma que cada vez más sectores sociales le eran hostiles. Reformista moderado, no consiguió contentar a las clases populares ni a los privilegiados. Enemigo de Obregón, se puso en contra al ejército, poco dispuesto a aceptar la reclusión en los cuarteles después de que sus jefes hicieran y deshicieran durante años. Anticlerical, se enemistó con la Iglesia. Nacionalista, se enfrentó a Estados Unidos, temeroso de perder su situación hegemónica dentro de la industria petrolera de México.

La desaparición de Carranza hacía prever lo peor: la continuidad de la violencia política, sin perspectivas inmediatas de remedio. Ese fue el pronóstico de Blasco Ibáñez, que visitó México durante un par de meses y escribió varios reportajes que después se publicarían en el libro *El militarismo mejicano*. Carranza, en su opinión, podía tener defectos, pero al menos «había establecido cierta calma que casi era la paz». Su muerte significaba el regreso de la anarquía, de las luchas entre las infinitas facciones, cada una al mando de un general que se consideraba digno de ocupar el poder. Profundamente pesimista, Blasco Ibáñez deseaba, por el bien de México, estar equivocado.

Por suerte, lo estaba. La rebelión de Agua Prieta se convirtió en la última de la historia de México que logró tomar el poder.

La pacificación

La burguesía del norte se había impuesto, la revolución tocaba a su fin. Un civil, De la Huerta, se convirtió en presidente interino. Permaneció en el cargo apenas seis meses, pero en ese tiempo, tras varias conversaciones, logró pacificar a los jefes sublevados con métodos diplomáticos. En la Baja California, Esteban Cantú fue vencido. En Oaxaca, los soberanistas se rindieron. En Chiapas, Alberto Pineda y Félix Díaz depusieron las armas. A este último se le facilitó un exilio digno después de que las hábiles tácticas gubernamentales lo aislara políticamente, al arrebatarle el apoyo de sus bases sociales.

Pero, sin duda, la mayor novedad fue la capitulación de Pancho Villa, quién se avino a retirarse a su hacienda de Durango, una colonia agrícola-militar, protegido por su propia escolta. «Ya acabó la guerra», declaró ante un grupo de reporteros. El Estado tuvo que desembolsar seis millones para pagar este y otros licenciamientos de tropas: había que conceder tierras a los antiguos guerrilleros y retribuirles con varios meses de sueldo a modo de compensación. El gasto, sin embargo, se vio compensado por la reducción de la partida destinada a las fuerzas armadas.

Mientras tanto, muchos exiliados regresaban al país. Cuando ni siquiera había transcurrido una

Adolfo de la Huerta, un presidente famoso por su honradez y su talento para la política conciliadora.

semana de la muerte de Carranza, *El Informador*, periódico de Guadalajara, ya consignaba el retorno de figuras que llevaban un largo período en el destierro: «México, 23 de mayo. Se ha anunciado que para hoy en la noche, por el tren de Laredo, llegarán el general Antonio Villarreal, el licenciado José Vasconcelos, el general Ernesto Santoscopoy y otras personas de conocidas ideas políticas, que abandonaron nuestro país desde hace varios años».

En el terreno laboral, la política conciliatoria del presidente también aportó considerables resultados. Su intervención personal contribuyó a desactivar las casi doscientas huelgas que movilizaban a más de doscientos mil trabajadores, básicamente del sector textil, del ferroviario y del minero. Hombre famoso por su integridad y por su rechazo a los procedimientos violentos, supo hacer que tanto empresarios como trabajadores aceptaran su mediación.

Tras su victoria en las elecciones de septiembre de 1920, Obregón sustituyó a De la Huerta en la jefatura del Estado. El *New York Times* saludó su llegada con optimismo: el país por fin tenía un mandatario que gozaba del apoyo de todas las clases, un hombre de orígenes humildes que, contaba, por eso mismo, con la simpatía del campesinado.

Obregón prosiguió con la apuesta por la diplomacia. En la práctica, eso supuso satisfacer a todos los sectores sociales concediéndoles lo que deseaban. Los campesinos tuvieron tierras, con una reforma agraria que supuso el reparto de 921.627 hectáreas, es decir, prácticamente cinco veces más que bajo Carranza y De la Huerta juntos. La CROM, principal sindicato obrero, pasó a formar parte del aparato estatal. Los burgueses, a su vez, vieron garantizada la economía de mercado.

Los zapatistas tampoco permanecieron al margen del poder. Sus fuerzas, hasta entonces no más que una guerrilla, se incorporaron formalmente al ejército nacional como División del Sur. Dos de sus antiguos jefes, Genovevo de la O y Gildardo Magaña, obtuvieron el grado de general de división.

Pese a cierta aura progresista, Obregón, en el fondo, no dejó de ser un simpatizante de Porfirio Díaz que aspiraba a establecer una tecnocracia, a que su gobierno, como había dicho en 1914, fuera el de los «nuevos científicos».

LA GRIPE

La gripe española, entre octubre de 1918 y enero de 1919, supuso el mayor azote en términos de mortalidad que sufría México desde la época de la conquista española. Según un cálculo a la baja, murieron cerca de cuatrocientas mil personas, un tres por ciento de la población. Alrededor de la mitad de las víctimas eran gente joven, de entre veinte y cuarenta años. La producción se vio así afectada, lo mismo que el comercio.

La enfermedad actuó sobre una población debilitada por años de lucha y privaciones. El sur, ya antes del comienzo de la epidemia, era una zona devastada por el hambre y el desempleo. La miseria, sin embargo, no fortaleció la rebelión zapatista sino más bien lo contrario: produjo apatía política entre unos habitantes que no veían más salida a su pobreza que la emigración.

9

La refundación de México

Obregón –el unificador de un México devastado por la guerra civil, según Linda Hall– no sólo impulsó reformas sociales. Favoreció un nuevo concepto de nación que integraba también a las masas, no sólo a los criollos, como había sucedido en el siglo XIX. La identidad mexicana pasó a definirse en términos mestizos, como un producto de la mezcla de las herencias indígena y española. El nuevo secretario de Educación, José de Vasconcelos, entendía que la revolución debía ser, básicamente, moral. Por eso impulsó programas pedagógicos que fueran más allá de la instrucción, favoreciendo la creación de bibliotecas y la edición de libros. Su proyecto, mesiánico en cierto sentido, puede ser visto como una especie de evangelización laica, en el que la biblioteca sustituye a la iglesia como espacio sagrado.

Emiliano Zapata visto por el pintor Diego Rivera.

Los libros se imprimen con tiradas masivas y se regalan por millares, en un intento de poner la cultura al alcance del pueblo. Cosío Villegas, un intelectual próximo a Vasconcelos, recordaría así el espíritu de esta cruzada: «Entonces sí que hubo ambiente evangélico para enseñar a leer y escribir al prójimo; entonces sí se sentía en el pecho y en el corazón de cada mexicano, que la acción educadora era tan apremiante y tan cristiana como saciar la sed o matar el hambre». Una figura de la tradición azteca, el dios Quetzalcóatl, el portador de la ciencia y de las artes, será el elemento alegórico que expresará el ideal de redención de la ignorancia.

La pintura de los grandes muralistas como David Alfaro Siqueiros, Diego Rivera o José Clemente Orozco, así como el cine social, contribuyeron con su fuerza propagandística a hacer realidad esta refundación de la república. El nuevo arte se entenderá como un servicio público, en ruptura con el elitismo del arte burgués del viejo continente. De ahí el contenido didáctico con el que se intentaba que la ideología progresista llegara a las masas. No en vano, el arte convierte a los protagonistas de la revolución en seres legendarios. En los frescos de Rivera, por ejemplo, Zapata aparece como la viva encarnación de la aspiración de «tierra y libertad».

Surgieron así propuestas radicales de cambio estructural, como las patrocinadas por Siqueiros desde *El Machete*, órgano del Sindicato de Obreros Técnicos Pintores y Escultores. México, según el pintor, debía construir un futuro que fuera tan grandioso como su pasado indígena, en el que se hallaba la mejor tradición artística de la patria. Ello significaba cambiar por completo la educación oficial, a la búsqueda de las auténticas raíces nacionales. Había que sustituir, por ejemplo, la literatura infantil de origen europeo, con los cuentos de los hermanos Grimm y Perrault, por las leyendas populares de la tierra. Así se educaría a los niños en valores como la energía y la bravura, tan distintos del carácter enclenque de las narraciones importadas.

Como se ha señalado, la búsqueda de fuentes indígenas en la pintura, la fotografía o el cine mexicanos no es un fenómeno aislado. Por esas fechas, en Europa, las corrientes más renovadoras buscan sus raíces en las manifestaciones artísticas de pueblos primitivos, ya de África o de Oceanía. Se corría el riesgo, sin embargo, de reducir la cultura india a algo carente de auténtica vida, petrificado y atemporal.

Frente al individualismo del arte burgués, ahora se propugnaba un arte socializado. El buen artista, como dirá José Clemente Orozco en su *Autobiografía*, no será el divo de tiempos pasados sino alguien sano e instruido, dispuesto a trabajar, lo mismo que cualquier operario, durante una jornada de ocho o diez horas. El obrero se convertirá en un arquetipo legitimador, omnipresente en la pintura mural a través de temas sociales como el exterior de las fábricas o los accidentes laborales.

Pero la nueva vanguardia, si bien genera adhesiones, también suscita odios. Entre la burguesía, hay quien reacciona violentamente ante los murales del Palacio Nacional o de la Suprema Corte de Justicia, a veces incluso con agresiones físicas contra las pinturas. Se acusa a sus artífices de ser «pintamonas» comunistas, imbuidos de una estética en la que predomina lo feo.

Mientras tanto, en el terreno literario, había surgido un nuevo género, la novela de la revolución, con títulos como *Los de abajo*, de Mariano Azuela, quizá el ejemplo más representativo, aunque tampoco podemos olvidar las obras de Martín Luis

Guzmán o José Vasconcelos. En contra de lo que sería de esperar, no cayeron en la idealización sino que mostraron un punto de vista crítico, atentos a las experiencias del pueblo llano. Como bien señala Alan Knight, ello marca una diferencia con la revolución soviética, donde no hay espacio para la libertad intelectual: «El Estado mexicano nunca fue totalitario, nunca controló todos los medios de comunicación». Autores posteriores retomarían el tema con clásicos como *El llano en llamas*, de Juan Rulfo, una colección de cuentos donde, por ejemplo, se reflejan las arbitrariedades de la reforma agraria. En *La muerte de Artemio Cruz*, Carlos Fuentes, uno de los integrantes del célebre Boom de los escritores latinoamericanos de los sesenta, ofreció su radiografía de la historia mexicana a través del político agonizante que da título a la narración.

Un país por cohesionar

Había nacido un estado social, aunque sólo hasta cierto punto porque, aunque se haga llamar revolucionario, pretende situarse por encima del conflicto entre el trabajo y el capital. Según el sindicalista Vicente Lombardo Toledano, los nuevos gobernantes aceptaban la división de la sociedad en opresores y oprimidos, pero no se sentían parte de ninguno de los dos grupos. No negaban la necesidad de mejorar la situación de la clase trabajadora, pero entendían que su tarea debía ser de mediación entre posturas opuestas, conservando siempre la libertad de acción.

En este proceso, la democracia iba a ser la gran sacrificada. Después de tantos años de guerra civil se priorizó la cohesión interna al precio de sacrificar el pluralismo político. En cuanto a la economía, no primaron los cambios estructurales sino las soluciones ortodoxas. De 1923 a 1927, el ministro de Hacienda, Alberto Pani, se aplicó en restaurar la confianza extranjera y estabilizar el peso, al tiempo que introducía una drástica reducción del funcionariado. Consiguió así que el presupuesto arrojara superávit, circunstancia que le permitió conseguir condiciones más favorables para el pago de la deuda externa. Fue, por desgracia, un triunfo efímero. Para 1928, la caída de las exportaciones ponía otra vez contra las cuerdas a un país demasiado dependiente del mercado mundial. El Estado, con las arcas vacías, volvía a luchar desesperadamente por pagar a su burocracia y a su ejército, algo que hacía con retraso y gracias a préstamos extranjeros.

En política exterior, la gran obsesión de Obregón fue obtener el reconocimiento de Estados Unidos. Lo alcanzó a través de los tratados de Bucareli, en 1923, unos acuerdos que no hacían extensiva la nacionalización de los recursos petroleros a las empresas norteamericanas, en virtud de unos supuestos derechos adquiridos. De esta forma, el presidente mexicano se aseguró de que la Casa Blanca no apoyara con armas a ningún militar ambicioso que aspirara al poder. No se trataba de un temor vano, porque a finales de ese año estalló la sublevación encabezada por De la Huerta, en la que estuvo implicado un amplio sector del ejército. De un total de quinientos ocho generales, aproximadamente la quinta parte apoyaba el golpe, con más tropas bajo su mando de las que disponía el gobierno. Uno de los biógrafos de Obregón, Pedro Castro, señala que el presidente lo tuvo muy complicado para «reunir elementos suficientes para enfrentar a las columnas enemigas y detener un avance sobre la Ciudad de México, mientras se organizaban los contingentes de repuesto en sustitución de los que se habían pasado al otro lado».

La intentona fracasó, pero supuso un peligro muy real, tan real como los siete mil muertos que provocaron los enfrentamientos. Politizadas en un grado extraordinario, las fuerzas armadas disfrutaban de un protagonismo excesivo, como demuestran los diversos conatos de rebelión de los años veinte. Desde el punto de vista del civilismo, México parecía haber dado marcha atrás. A diferencia de lo que sucedía bajo el porfiriato, los militares disponían de la fuerza necesaria para hacer valer sus pretensiones. No sería hasta la presidencia de Lázaro Cárdenas que se conseguiría subordinarlos al poder constituido.

Bajo la presidencia de Plutarco Elías Calles, el problema que adquirirá una extraordinaria dimensión será el eclesiástico, con el choque de trenes entre el gobierno y la Iglesia católica. Ambas instituciones se disputaban el control de la población en aéreas como la educación y la cultura. En 1925, los católicos respondieron al anticlericalismo oficial con la constitución de la Liga para la Defensa de la Libertad Religiosa, que en poco tiempo alcanzó los ochocientos mil afiliados. Un año después, Calles aplicó la Constitución de 1917 con el cierre de conventos y colegios confesionales. Encendió así la mecha de la Rebelión cristera, así llamada porque los insurrectos luchaban al grito de «¡Viva Cristo Rey; Viva la Virgen de Guadalupe!». El conflicto, que se prolongará de 1926 a 1929, constituirá una seria amenaza para la república. En 1929, el año de su máxima extensión, los rebeldes contaban con cincuenta mil hombres armados, entre ejército y fuerzas irregulares. Al igual que habían hecho los zapatistas, dedicaban una parte

Cristeros, protagonistas de una revuelta contra el gobierno
revolucionario en nombre de los principios católicos.

de su tiempo a combatir, otra a realizar las faenas agrícolas.

Los cristeros contrataron al general Enrique Gorostieta para que dirigiera sus fuerzas. Fue un acierto, porque Gorostieta consiguió transformar las guerrillas descoordinadas en un verdadero ejército. Ante la imposibilidad de someterlo, el gobierno tuvo que avenirse a pactar. La jerarquía eclesiástica, por su parte, acabó por dejar en la estacada a los sublevados, de los que siempre había recelado. Mientras ellos combatían, los obispos se hallaban en el exilio, por lo que no existió coordinación entre unos y otros.

En la rebelión se mezclaron componentes religiosos y económicos. Los cristeros procedían de estados como Jalisco, Michoacán o Zacatecas, en los que muchos contemplaban con aprensión los planes de reforma agraria. Se dio así que la paradoja de que uno de los movimientos campesinos más importantes de México, sino el que más, fuera de carácter contrarrevolucionario. Eso explica por qué la historia oficial de la revolución ha venido a subestimar su importancia: no encajaba en sus prejuicios ideológicos.

La soñada estabilidad aún se resistía a materializarse. Durante las elecciones de 1928, los tres candidatos serían asesinados. Obregón había salido indemne de un atentado en Chapultepec, pero, poco después, un dibujante, con el pretexto de hacerle una caricatura, le disparó mortalmente. El asesino, José de León Toral, resultó ser un extremista católico. Fue condenado a muerte. Como suele suceder en estos casos, no faltaron teorías conspiratorias: se dijo que Plutarco Elías Calles estaba implicado, ya que la desaparición de Obregón le resultaba beneficiosa.

Un año después, bajo el impulso de Calles, nacería el Partido Nacional Revolucionario, antecedente del PRI (Partido Revolucionario Institucional), que impondría su autoritarismo durante largas décadas. Para consolidarse, los gobernantes mexicanos adoptarían, según Brian Hamnett, «un curioso híbrido de la Italia fascista y la Unión Soviética, pero sin fascismo ni socialismo». A partir de entonces, la transmisión del poder al menos se efectuaría pacíficamente, dentro de un nivel de estabilidad más que apreciable para los estándares de América Latina.

El tiempo de los viejos caudillos, que habían ejercido como auténticos señores de la guerra, quedaba atrás. En 1923, Pancho Villa fue asesinado para evitar que se pusiera al frente de una nueva revuelta. Tres años después, su tumba sería profanada y su cuerpo decapitado. Algún tiempo más tarde, en su testamento político, el presidente Calles afirmó que era hora de que los hombres fuertes dejaran paso a las instituciones. Para dar ejemplo, él mismo renunció a presentarse a las elecciones, aunque eso no significó que dejara de ejercer su influencia.

¿Se puede dar entonces por acabada a la revolución? ¿Finalizó en 1940, con el fin de la presidencia de Lázaro Cárdenas, el gran héroe de la reforma agraria? Hay criterios para todos los gustos: Cumberland, uno de los mejores biógrafos de Madero, escribía en 1952 que la revolución aún continuaba. Otros proponen la fecha de 1982, quizá porque en ese año acaba el mandato de José López Portillo, quién se consideraba «el último presidente de la revolución».

CAMBIOS Y CONTINUIDADES

Los protagonistas del estallido de 1910, lo mismo que la historiografía inspirada en sus testimonios, enfatizaron los elementos de ruptura con el pasado, poniendo de relieve su importancia para los movimientos obrero y campesino. Las clases populares se beneficiaron de grandes ventajas materiales: aumentos de sueldo, seguridad social, sindicación... A partir de los años setenta, sin embargo, una corriente revisionista duda que la revolución fuera verdaderamente revolucionaria: el capitalismo pervivió y el poder se ejerció con el mismo estilo autoritario de siempre. Por otra parte, se plantea si las reformas emprendidas no fueron demasiado timoratas en proporción a la sangre que costaron. En otros países, como Argentina y Chile, cambios económicos y sociales parecidos se efectuaron sin llegar al extremo de una guerra civil.

Arnaldo Córdova, aunque afirmaba que las diferencias entre el porfiriato y la revolución eran muchas, señalaba que existían más semejanzas. En su opinión, el proyecto histórico que subyacía en ambos casos era el mismo, la consolidación en México del sistema capitalista. Con la revolución, ese proyecto adquirió una dimensión social, pero siguió siendo «el elemento motor de la vida social del país». Ramón Ruiz, por su parte, apunta que no se produjo ninguna transformación de la sociedad. Todo lo más, una modernización del sistema económico.

Las similitudes entre el México de antes y de después de 1910 no acaban aquí. Fijémonos, por ejemplo, en el personal político. Llama la atención cómo antiguos dirigentes porfiristas consiguieron reciclarse como partidarios del nuevo estado de cosas. Emilia Velázquez señala cómo, finalizadas las luchas revolucionarias, Acayucan siguió en manos de los grandes hacendados, por lo que el reparto de la tierra brilló por su ausencia. La lucha por recuperar todo lo que habían usurpado los latifundistas continuó, pero el territorio de los indios popolucas acabó fragmentado en los ejidos posrevolucionarios.

Pero también se ha argumentado que la revolución produjo una renovación de las élites real, al arrebatar el monopolio del poder a la antigua oligarquía a favor de cuadros dirigentes más jóvenes y menos aristocráticos, que ascendieron a la cumbre por medio de la meritocracia. Como había sucedido en Francia en tiempos de Napoleón –pensamos en sus mariscales– , el éxito estaba al alcance de los advenedizos con ambición y talento.

Frank McLynn tiene razón cuando afirma que, desde una perspectiva sociológica, el cambio fue auténtico. Sin embargo, este no es el único punto de vista posible. La cuestión es si la nueva clase gobernante supone una diferencia sustancial respecto al pasado. Y, en este punto, existen diferencias irreconciliables entre los especialistas. Para autores como Macario Schettino, el hecho de que los líderes del México revolucionario provengan, en su mayoría, de la clase media, no aporta ninguna novedad apreciable. Seguían constituyendo una élite marcada por su alto nivel educativo.

Se ha señalado, por otra parte, que el Estado revolucionario apostó por la centralización con tanto entusiasmo como su antecesor porfirista, con la diferencia de que empleó medios más eficaces. La revolución, desde esta óptica, habría culminado la construcción del Estado moderno. Se habría producido así una paradoja apuntada por Jean Meyer, siguiendo a Tocqueville: en México, lo mismo que en Francia, los revolucionarios culminan la obra del antiguo régimen. No obstante, como señala Alan Knight, este no tiene por qué ser un resultado buscado desde el inicio de las revueltas. Los rebeldes, en muchos casos, buscaban ajustar cuentas con los sucesivos gobiernos, no reforzarlos. Y el resultado final del proceso no habría sido precisamente una autoridad central potente. Knight lo explica con el argumento contundente de sus repetidos fracasos a la hora de ejercer sus atribuciones: «Repetidamente el Estado fue abofeteado por conflictos que surgieron de la sociedad, y los esfuerzos del Estado de restringir o canalizar estos conflictos fallaron. En décadas sucesivas tanto el callismo como el cardenismo brotaron, florecieron y se marchitaron. La batalla contra la Iglesia en los años veinte terminó en tablas; la campaña en pro de la educación socialista en los treinta fracasó. Esto no es la carrera de un gran Leviatán».

¿Supuso la revolución una transformación significativa, en resumidas cuentas? No le faltan motivos a Knight cuando se queja de que los críticos del proceso mexicano no son del todo justos, al exigir cambios profundos en muy poco tiempo que no se han conseguido ni siquiera en la construcción de estados socialistas. En su opinión, la gran oleada revolucionaria de 1910 no es menos revolucionaria por el hecho de que su resultado final haya sido el «ratoncito político de 1920».

La periodización escogida resulta fundamental para llegar a una conclusión o a la contraria. Para los defensores de la revolución, esta significó una transformación esencial respecto al porfiriato porque significó la irrupción de las masas en la historia. Los protagonistas tenían la sensación de estar luchando por una causa justa que veían al alcance de la mano, por lo que creyeron que aquel era un punto y aparte en sus vidas.

El cambio político, al permitir la expresión de las organizaciones de trabajadores, dio cauce a la expresión de un descontento largo tiempo incubado, fruto del poder absoluto que habían ejercido los empresarios en las relaciones laborales. Así, en 1912, la huelga del sector textil, encabezada por la Sociedad Cooperativa de Obreros Libres, hizo posible establecer una jornada de diez horas frente a las de doce e incluso catorce que se venían realizando. Cinco años después, la Constitución fijaría la duración máxima del tiempo de trabajo en ocho horas diarias. El avance era considerable, como mínimo a nivel legal. Mientras tanto, el pueblo hacía oír su voz con ocupaciones de tierras o administrando justicia sumaria contra personajes odiados como los jefes políticos o los policías.

Todo ello es cierto. Pero, si en lugar de detenernos en 1920, abrimos el abanico cronológico, la cosa cambia. Obreros y campesinos tenían sus propias organizaciones, sí, pero dependientes del Estado. La intervención popular pudo ser relevante en la década que siguió a 1910, pero... ¿y después? ¿Podemos afirmar que el México del PRI, que se proclamaba heredero de la revolución, se distinguía por sus prácticas democráticas? ¿Cuánto duró la capacidad del pueblo para deponer, por las armas, a los gobernantes que incumplían sus promesas?

Luciana Lartigue, en una obra de síntesis, sostiene que los ciudadanos acumularon el suficiente poder para emprender transformaciones políticas y sociales sin precedentes en la historia de América. Sin embargo, admitida esta hipótesis, no se entiende por qué la misma autora nos dice que en el México del siglo XXI «la situación no ha variado sustancialmente». Si eso es así, ¿qué clase de revolución es esta, incapaz de transformar nada? ¿Cómo es posible que, cien años después de su comienzo, cerca de sesenta millones de mexicanos sobrevivieran con menos de cuatro dólares al día? Para Macario Schettino, la transformación pregonada por la historia oficial, si brilla, es por su ausencia: «En el transcurso del siglo, la distribución del ingreso y la riqueza nunca mejoró significativamente. No se redujeron la discriminación

El presidente
Lázaro
Cárdenas
(1895-1970),
gran artífice
de la reforma
agraria
mexicana.

ni el racismo de los mestizos, no cambió la estructura estamental, casi de castas, que arrastramos desde la Colonia».

No es cuestión de afirmar que la revolución mexicana nunca existió, pero sí de constatar lo tremendamente ambiguo de su realidad. Los campesinos salieron victoriosos de diez años de luchas, pero las transformaciones se demoraron en llegar. La reforma agraria se aplicó, con timidez y lentitud, más por evitar un motivo de conflicto que por deseo real de cambiar las cosas. De 1915 a 1934 se repartieron unos diez millones de hectáreas, es decir, un diez por ciento de las tierras cultivadas, concentradas en un número limitado de distritos. Un resultado, pues, de corto alcance. Sería el presidente Lázaro Cárdenas quién se tomará el problema realmente en serio, al distribuir dieciocho millones de hectáreas entre 1934 y 1940.

Hubo mejoras para la población rural, sin duda. Se había acabado, por fin, el servilismo prácticamente feudal hacia los terratenientes. En *La muerte de Artemio Cruz*, uno de los personajes es un propietario que debe enfrentarse a la rebelión de los campesinos. Estos le dicen que, si no les entrega las tierras, no tienen intención de sembrar en ellas nunca más. Él, por orgullo, prefiere perder la cosecha. Al contrario de lo que sucedía en el pasado, ya no tiene instrumentos para imponer su voluntad: «Antes los rurales hubieran metido al orden a los revoltosos, pero ahora… ya canta otro gallo».

No obstante, tampoco es cuestión de exagerar. Los latifundistas, según la citada novela de Carlos Fuentes, se avienen a entregar tierras… siempre que sean las peores. Esperan que los campesinos, al extraer poco rendimiento de ellas, regresen a sus haciendas a trabajar las superficies fértiles. Por eso, don Gamaliel, el propietario, recibe un consejo cínico: si accede a poner en práctica esta estrategia, «hasta puede pasar por un héroe de la reforma agraria, sin que le cueste nada».

La subordinación no se erradicó, sólo que, en lugar de contentar al hacendado, el agricultor tenía que satisfacer las exigencias del político de turno. Si no se mostraba dócil con el poder, su desobediencia podía castigarse con la pérdida de la tierra que había recibido, que estaba en sus manos sólo en usufructo, no en propiedad. De esta manera, en nombre de la revolución, surgió un nuevo caciquismo. El agricultor ahora no debía tratar con los bancos, pero dependía de los créditos que concedía el Estado. En palabras de Álvaro Matute, profesor de la Universidad Nacional Autónoma de México, «mucho del reparto agrario fue hecho con sentido político, para que el Estado mantuviera el control del campesinado».

Un ejemplo de la nueva dependencia lo encontramos en «Nos han dado la tierra», uno de los cuentos que integran *El Llano en llamas*. Un grupo de campesinos, con el mayor de los respeto, se dirige al delegado del gobierno para hacerle saber que las parcelas que les han entregado son de mala calidad. De una tierra tan dura no puede sacarse nada. Aunque no son, ni mucho menos, subversivos, el delegado los trata con prepotencia, como si hablara con niños desagradecidos: «Y ahora váyanse. Es al latifundio al que tienen que atacar, no al Gobierno que les ha dado la tierra».

Por otra parte, según Jean Meyer, hay que tener en cuenta que la mentalidad campesina se resistía muchas veces a aceptar regalos del Estado, una institución de la que tradicionalmente no se esperaba nada bueno. De acuerdo con Meyer, lo importante eran los objetivos pero sobre todos los medios: todos querían ser propietarios, pero no de cualquier forma. La propiedad, para ser legítima, debía provenir de una herencia o de la compra.

Impacto internacional

El legado de la revolución llega hasta nuestros días. Con un contenido institucional e ideológico que configura el México moderno, al que aportó los principios agraristas, nacionalistas y antiimperialistas que permitieron la legitimación del Estado. A su vez, la revolución constituirá un referente para el debate político en toda América Latina. Como señala Patricia Funes, fue un elemento central para las generaciones más jóvenes porque en ella «se conjugaban un conjunto de desafíos que permitían pensar temas neurálgicos de las sociedades de la región: los campesinos, el mestizaje, el nacionalismo, los derechos sociales, el rol del Estado, la soberanía».

Así, en Perú, la izquierda del APRA (Alianza Popular Revolucionaria Americana) mirará hacia México en busca de inspiración, en su intento de hallar una vía de emancipación propiamente latinoamericana, es decir, un camino que evitara los «colonialismos mentales». Se trataba de partir de una realidad social concreta, no de la copia de modelos foráneos como el soviético. El gran pensador marxista José Carlos Mariátegui seguirá muy de cerca los acontecimientos del país azteca, valorando de una forma muy positiva la obra pedagógica de Vasconcelos y la revolución en general, por más que el estado resultante fuera burgués.

Mariátegui fue más lúcido que muchos de sus colegas comunistas, desconcertados ante un proceso de cambio que no estaba encabezado por la clase obrera, tal como preveían sus doctrinas. Los protagonistas, por el contrario, provenían del campesinado. Con los esquemas mentales de los años veinte, los marxistas latinoamericanos no estaban preparados para asimilar una realidad tan inesperada.

La influencia de la Revolución de Zapata y de Villa no se quedó en el ámbito de lo teórico, ya que abarcó a movimientos armados de toda América Latina. La lucha guerrillera del nicaragüense Sandino, por ejemplo, se sitúa en la estela de la protagonizada por México, donde había residido durante tres años, de 1923 a 1926. Conoció así de primera mano el impacto de los combates y forjó lazos con personas que más tarde le ayudarían en el intento de liberar su propio país. Tiempo después, cuando ponga en marcha una cooperativa agrícola en las Segovias, se inspirará el modelo organizativo de los campesinos de Morelos.

El chileno Pablo Neruda, de conocida ideología comunista, sentía parecida admiración por el zapatismo, al que enaltece en su *Canto General*. El poema XXXVI de esta obra épica, titulado "A Emiliano Zapata con música de Tata Nacho", tiene versos tan entusiastas como los siguientes: «Zapata entonces fue tierra y aurora. En todo el horizonte aparecía la multitud de su semilla armada». El mexicano, en palabras del poeta, había pedido «patria para el humillado». Y lo había hecho empuñando el rifle. No obstante, después de su victoria, los suyos no debían caer en la ingenuidad de esperar el paraíso en la tierra, hecho de una vez y para siempre: «No esperes, campesino polvoriento, después de tu sudor la luz completa y el cielo parcelado en tus rodilla». Para aproximarse a la utopía, según Neruda, al oprimido no le quedaba más camino que la lucha continua: «Levántate y galopa con Zapata».

Otras figuras de la izquierda latinoamericana se mostraron igualmente deudoras del legado zapatista. Entre ellas, Fidel Castro, Che Guevara, Hugo Chávez y Evo Morales.

Historia y memoria

En México, como sucede siempre en estos casos, tras la violencia vino la institucionalización y con la institucionalización el pasado se convirtió en un recurso propagandístico al servicio del régimen. Así se explica la creación, en 1953, del Instituto Nacional de Estudios Históricos de la Revolución Mexicana, bajo la autoridad de la secretaría de Gobernación, que se dedicaría a promover estudios desde una óptica oficialista. Siete años después, el cincuenta aniversario del inicio de la revolución se festejará lujosamente, con la intervención de académicos de peso.

Controlar el pasado equivale a controlar el presente. Por eso se desatan auténticas guerras por la memoria, en la que distintos grupos definen sus héroes y sus mitos, con vistas a perpetuarse en el poder. Al principio, los protagonistas escriben memorias a modo de justificación, si es que no se refugian en clamorosos silencios: los antiguos villistas no tendrán demasiado interés en que se les recuerde su pasado, ya que el discurso oficial estigmatiza al Centauro del Norte, convertido en el arquetipo de personaje sanguinario. Bajo la presidencia de Lázaro Cárdenas, sin embargo, la situación cambia. Con el auge de la reforma agraria y de las ideas sobre la unidad popular, llega el momento de reivindicar a Pancho Villa como un auténtico revolucionario. Equivocado, tal vez, pero sin duda heroico. Tal imagen no podrá ser aceptada por carrancistas y obregonistas, que se aferrarán a la imagen del bandido siniestro manipulado por intereses reaccionarios.

La controversia estaba lejos de apagarse. En los años setenta, como nos indica Friedrich Katz, el legado de Villa seguía suscitando posturas encontradas. En

Museo Francisco Villa en Hidalgo del Parral, localidad donde el Centauro del Norte fue asesinado en 1923.

Hidalgo del Parral (Chihuahua), una multitud se congregó en noviembre de 1976 para aclamarle al grito de «¡Viva Villa!», a raíz del traslado de sus restos al Monumento a la Revolución, en México D.F. Al mismo tiempo, otras muchas personas mostraban su oposición a este homenaje con cartas de protesta a los periódicos. Para ellas, el Centauro era «el quinto jinete del Apocalipsis», título de un libro publicado por esas fechas.

Con todo, la memoria de la revolución parece generar un consenso social que ha mantenido su vigencia, al contrario en que otros estados. Así, mientras en la antigua Unión Soviética se han derribado estatuas de Lenin o de Stalin, México rinde tributo a sus viejos guerreros. Es por eso que Macario Schettino afirma que los investigadores de su país lo tienen difícil para ser críticos con la revolución, «habiendo sido educados desde niños para adorarla». Sin embargo, debajo de la unanimidad aparente, subsisten viejos antagonismos.

Pese a su aura progresista, la revolución se mostró insuficiente para resolver algunos problemas graves. El racismo siguió impregnando la vida nacional, de manera que los indígenas permanecieron marginados, reducidos a un componente más o menos folclórico de la identidad mexicana. Personajes como la India María o Régulo y Madaleno acentuaban este carácter pintoresco.

La cuestión agraria también continuó candente. En los años cuarenta y cincuenta estallan diversas sublevaciones campesinas, en respuesta a lo que sus protagonistas entienden como una revolución traicionada. El PRI, en esos momentos, se ha convertido en una gran máquina burocrática muy alejada de cualquier práctica emancipatoria. No obstante, su retórica oficial continúa aferrada a una revolución convertida en gran instancia legitimadora. El gobierno se presenta como heredero de este mito fundacional, convenientemente fosilizado para que pierda toda capacidad de cuestionar el *statu quo*. Así, lo importante no es la voluntad popular, en elecciones libres que brillan por su ausencia, sino que el régimen, supuestamente, continúa la obra de grandes héroes como Madero, Zapata o Carranza.

La revolución, según el discurso imperante, supone la entrada de México en una nueva era de modernidad y justicia. Pero, a finales de los sesenta, esta tesis resulta cada vez más difícil de defender. El país experimenta un desarrollo económico notable, pero la miseria pervive y el poder se ejerce con el mismo autoritarismo de siempre. En 1968, la matanza de estudiantes en Tlatelolco remueve muchas conciencias.

¿Qué es lo que falla en México? ¿Han sido traicionados los principios de la revolución? ¿Quizá esté la raíz del mal en la revolución misma?

En 1994, al alzarse en Chiapas, el Ejército Zapatista de Liberación Nacional (EZLN) pretende actualizar la herencia del agrarismo encabezado por Zapata. El primero de enero, tras la entrada en vigor del Tratado de Libre Comercio con Estados Unidos, sus militantes toman cuatro localidades, San Cristóbal, Las Margaritas, Ocosingo y Las Cañadas. Hay combates y con los combates muertos. Muy pronto, la zona se convierte en centro de atención de la prensa mundial. El periodista Carlos Monsiváis lo explicó con ironía punzante: «Si la violencia en un país pobre es pintoresca, una guerrilla a fines de milenio, y tras la caída del Muro de Berlín, es un banquete».

Al frente del EZLN se encuentra el Subcomandante Marcos, un guerrillero insólito, armado con un indiscutible talento para las relaciones públicas y su don para la pluma que entremezcla lo poético con lo humorístico y lo sarcástico. La aparición de su movimiento colocó de nuevo sobre la agenda política la vieja aspiración de «tierra y libertad». La rebelión de los indígenas se justificaba, en su opinión, por el olvido en que los tenía el Estado. Frente a esta marginalización secular, Marcos abogaba por visibilizar a la población india, de forma que por fin alcanzara su propio lugar dentro del país: «Somos indígenas y somos mexicanos». Por eso mismo, los rebeldes planteaban la lucha haciendo suyos símbolos los nacionales como la bandera y el himno.

Los zapatistas buscan que los indígenas sean ciudadanos de pleno derecho, algo que sólo puede ser posible con democracia y con justicia, para evitar que los campesinos, igual que en tiempos de Zapata, se

El subcomandante Marcos, misterioso líder de la revuelta
neozapatista que estalló en Chiapas en 1994.

vean sometidos al expolio de sus propiedades comunales y al desprecio hacia su cultura. Marcos, con su
acostumbrada elocuencia, dirá que aspira a que «deje
de ser delito el ser indígena, el vivir como indígena,
el pensar como indígena, el vestir como indígena, el
hablar como indígena, el amar como indígena, el tener
el color indígena».

El éxito del EZLN no fue nada desdeñable.
Como señala Monsiváis, consiguieron por primera
vez en la historia de México que un movimiento
indígena acaparara las miradas y tuviera repercusión
en el extranjero. Su movilización también aportó la
novedad de suscitar el debate sobre los derechos de
los indígenas. Esta vez eran las propias víctimas de
la marginación quienes hablaban, no blancos bien-
intencionados que teorizaban desde fuera sobre su

situación. Hablaban y planteaban una problemática que no admitía más demoras.

El movimiento de Marcos se proclama heredero del encabezado por Emiliano Zapata, estableciendo una continuidad entre ambos dentro de una historia más amplia, la de la emancipación de los oprimidos en América Latina: «Nosotros, los soldados zapatistas, los guerreros de las montañas, somos los mismos que peleamos contra la conquista española, los que luchamos con Hidalgo, Morelos y Guerrero por la independencia de estos suelos. Los mismos que resistimos la invasión del imperio de las barras y las rubias estrellas, los que con Zaragoza peleamos contra el invasor francés. Los mismos que con Villa y Zapata recorrimos la república entera para hacer una revolución que murió entre los libros, aplastada por los monumentos de la nueva clase gobernante».

El neozapatismo, pues, se propone hacer realidad, por fin, la promesa frustrada y traicionada de la liberación. ¿Con fidelidad al zapatismo histórico? Según Luis González, la sublevación de Chiapas sólo tiene que ver con la de Morelos en un punto, el nombre. González, desde el punto de vista de la exactitud factual, tiene seguramente razón, pero los seguidores de Marcos no son académicos que busquen en los archivos un conocimiento preciso del pasado, sino activistas que seleccionan los aspectos de la historia que más favorecen la lucha en el presente. Por eso se apropian a su modo de antiguas tradiciones, aplicándolas a nuevas circunstancias. Porque la memoria, como explica Maurice Halbwachs, se adapta a las condiciones del presente.

La historiografía de la revolución

Como señala Alan Knight en su síntesis de la historiografía de la Revolución mexicana, las primeras obras sobre el tema pecaban, lógicamente, de parcialidad, dada la cercanía de los autores a los hechos, bien en calidad de protagonistas, bien por como observadores comprometidos con una causa. Era la época de los Fabela, Silva Herzog y Molina Enríquez, por citar a los escorados hacia la izquierda. En cambio, Bulnes y Vera Estañol se decantaban por una visión conservadora.

Más tarde, en la década de 1950 y 1960, los historiadores apostarán por la objetividad académica. Daniel Cosío Villegas dio un buen ejemplo de esta tendencia al coordinar la *Historia moderna de México*, a la que contribuyó una importante nómina de autores. En esos momentos, aún no se cuestionaba el carácter auténticamente social del movimiento revolucionario. Ese paso lo daría la siguiente generación de especialistas, que aportó la novedad de no centrarse en las élites sino en las clases subalternas. En ocasiones, para concluir, desesperanzadamente, que los de abajo se habían limitado a ser carne de cañón. Tras la matanza estudiantil de Tlatelolco, en 1968, muchos críticos con el autoritario gobierno del PRI creen que el problema de México no se limita a una traición de los principios revolucionarios. La raíz del mal se hallaría, por el contrario, en la revolución misma.

Mientras se cuestionan las viejas ortodoxias políticas, nuevas metodologías aportaban nuevas visiones de los acontecimientos. Se desarrollan, sobre todo, los estudios regionales o locales, a veces con el peligro de que los historiadores se identifiquen en exceso con sus «patrias chicas adoptivas». En la

larga lista de estudios que siguieron este camino,
citar el de Héctor Aguilar Camín sobre Sonora o el
de Raymond Buve acerca de Tlaxcala. En cuanto la
historia oral, destacaron las contribuciones de Eugenia Meyer y Arturo Warman.

Con la revisión de la revisión, aparecieron
estudios que volvían a señalar el carácter auténticamente transformador del proceso revolucionario.
Alan Knight y Friedrich Katz fueron los principales
abanderados de esta tendencia. En la actualidad, el
consenso sigue sin ser posible, pero al menos se han
suavizado las posturas extremas, el cambio radical y
el cambio para que nada cambie.

Epílogo
La revolución de los extranjeros

Como otras revoluciones, la mexicana atrajo a extranjeros entusiasmados con la promesa de libertad, ansiosos por vivir un proceso de emancipación que hasta entonces sólo habían vislumbrado en sueños. Se dio así una especie de turismo político que volvería repetirse en la Unión Soviética o en Cuba, en el que se mezclaban, en diferentes proporciones según los casos, aspiraciones de cambio social, curiosidad por una cultura ajena o ganas de vivir emociones fuertes. A fin de cuentas, México, como la España del siglo XIX, era visto desde fuera como un estado semicivilizado y exótico, en el que aún eran posibles las grandes aventuras. Entre los que se atrevieron a presenciar los acontecimientos sobre el terreno, sin duda destaca un grupo ilustre de periodistas y escritores norteamericanos cercanos al socialismo, que dieron cuenta con su pluma de lo que vieron o de lo que creyeron ver, ya que en ocasiones tomaban la parte por el todo, equivocándose al generalizar una realidad local como representativa de todo el país.

No fueron observadores neutrales: tomaron partido por un bando o por otro, denigrando al contrario. La suya acostumbra a ser una mirada militante en la que mezclan elementos puros, como el interés genuino por la suerte de los desheredados, e impuros. Pese a sus buenas intenciones, no todos consiguieron desprenderse de un sentimiento de superioridad de su mundo anglosajón frente a la barbarie latina.

John Reed es el más famoso de ellos. Hoy se le conoce, sobre todo, por *Diez días que estremecieron al mundo*, una crónica de la Revolución rusa que mereció un prólogo del mismísimo Lenin, pero antes su fama se debía a *México insurgente*, el volumen que recoge sus reportajes sobre la revolución en el país azteca para la revista *Metropolitan*. En palabras de Walter Lippmann, otra leyenda del periodismo, a él se debió que la opinión pública estadounidense empezara a tomarse a Pancho Villa en serio. Es célebre, por cierto, la descripción en la que habla de los ojos del Centauro del Norte, «inteligentes como el infierno e igualmente inmisericordes».

Curiosamente, Reed tardó en ser reconocido dentro de México. Su libro no se tradujo al castellano hasta una fecha tan tardía como 1954.

Otro caso notable es el de Ambrose Bierce, famoso autor de cuentos que desapareció misteriosamente. Según una hipótesis, pudo ser fusilado mientras huía de las tropas de Pancho Villa, a las que consideraba una banda de forajidos, para unirse a las de Carranza. Pero también es posible que, sintiendo cómo le pesaban los años, sólo buscara una manera peculiar de procurarse la eutanasia. Carlos Fuentes se inspiró en su nunca aclarado final para su novela

Gringo viejo, que sería llevada al cine con Gregory Peck en el papel de Bierce.

CONTRA LA INTERVENCIÓN NORTEAMERICANA

John Kenneth Turner se involucró en la revolución a partir de su contacto con los anarquistas del Partido Liberal Mexicano, encabezado por los hermanos Magón. Como periodista, su contribución tenía que ser concienciar a los norteamericanos de la lucha contra Porfirio Díaz. Entre otras razones, para evitar que Estados Unidos interviniera en apoyo del dictador, algo que podía hacer fácilmente con el pretexto de proteger las vidas de sus ciudadanos. Para hacer presión en contra de este peligro, por entonces muy real, Turner escribió diversos artículos en *The American Magazine*, un mensual de gran popularidad con una tirada superior a los cuatrocientos mil ejemplares. Más tarde agrupó sus textos en un libro, *México b*árbaro, destinado a convertirse en un clásico. Por la fuerza con que denuncia la explotación de la mano de obra indígena, algunos críticos lo comparan con *La cabaña del Tío Tom*, la novela en la que Harriet Beecher Stowe denunció la esclavitud.

Su compromiso con la causa revolucionaria prosiguió con sus colaboraciones en el periódico libertario *Regeneración*, donde se ocupaba, junto a su esposa, Ethel Duffy, de la página en inglés. Por otra parte, compró armas para la toma de Mexicali, en 1911, dentro de la rebelión anarquista de la Baja California. No obstante, tras el ascenso a la presidencia de Francisco Madero, se distanció de los magonistas.

En Morelos, tras entrevistas a los líderes zapatistas, escribió a favor de su causa, el fin de la esclavitud campesina a través del reparto de tierras.

El periodista norteamericano John Kenneth Turner
(1879-1948), autor de *México bárbaro*.

En enero de 1913 se reúne en Ciudad de México con Madero, quien le otorga algo más que una recomendación, una carta blanca por la que ordena a todas las autoridades, tanto militares como civiles, que le proporcionen todos los datos que precise para su trabajo. Su intención es recorrer el país y comprobar, por sí mismo, su evolución tras el fin del porfiriato. En febrero, por desgracia, los partidarios del general golpista Félix Díaz lo detienen bajo la acusación de espionaje. Por razones de prudencia oculta su identidad: no le interesa, obviamente, que los militares descubran que tienen en sus manos al autor de repetidos ataques contra el antiguo dictador.

Al embajador Henry Lane Wilson sí le revela su nombre, con la ingenua suposición de que protegerá a uno de sus conciudadanos. Pero el diplomático, molesto con sus críticas contra el intervencionismo de la Casa Blanca en México, le deja en la estacada. Finalmente, mientras sus amigos dirigen una campaña para conseguir su libertad, consigue escapar a Veracruz y evitar un fusilamiento seguro. Contará su aventura en las páginas del *New York World*.

Turner continuará manifestándose en contra de las intromisiones de Washington en la política mexicana. Primero, a través de la campaña *Hands off Mexico* [Manos fuera de México]. Segundo, con críticas a la invasión norteamericana de Veracruz, en 1914. Tras la retirada de las fuerzas de ocupación, apoyó a Venustiano Carranza, por ver en él a un reformador progresista y a un revolucionario auténtico. En consecuencia, combatió a Pancho Villa. El gobierno del Primer Jefe le retribuyó espléndidamente –con un anticipo de mil dólares y la promesa de otros mil– por escribir contra el Centauro del Norte, al que debía presentar en diversas revistas como líder de un movimiento reaccionario. Según la historiadora Rosalía

Velázquez Estrada, Turner fue «uno de los autores que más maltrató la imagen de Villa». Lo dibujó, en efecto, como un político incapaz, culpable por su ambición desmedida de haber provocado una guerra sangrienta. Sobre él arrojó los peores insultos: Villa era un «perro», un vendido a Wall Street.

¿Escribía sólo por dinero o expresaba convicciones sinceras? No hay que olvidar que procedía de las filas magonistas, enemigas del villismo. Según Friedrich Katz, lo peor fue que se dedicara a ridiculizar a un caudillo revolucionario sin molestarse en visitar los territorios que estaban bajo su control.

¡Viva Carranza!

Otro periodista radical estadounidense que simpatizó con el carrancismo fue Lincoln Steffens, perteneciente al grupo de los *muckrackers* o 'removedores de basura', así llamados porque se dedicaban a sacar a la luz la explotación de los trabajadores y la corrupción de los políticos. En noviembre de 1914 llegó por barco a Veracruz, ocupada, como hemos visto, por el ejército estadounidense. Steffens no dudó en criticar la actuación de su país, sin aceptar la justificación oficial de que se trataba de un gesto en beneficio de los propios mexicanos. En su opinión, Estados Unidos tenía tanto derecho a permanecer en México como la Alemania del káiser Guillermo II a invadir Bélgica. De esta manera, establecía un paralelismo entre el imperialismo de Washington y el de Berlín, en un momento en el que la Gran Guerra devastaba Europa.

Con mordacidad irreverente, Steffens comparó el intervencionismo de la Casa Blanca con la actitud de alguien que pretendiera cometer una violación pero sólo «un poco», algo imposible por definición.

El periodista norteamericano Lincoln Steffens (1866-1936) en
Nueva York, abril de 1914.

Si los estadounidenses tenían parte de culpa por lo
que sucedía en su vecino del sur, no podían pretender
ser la solución a los problemas. No les faltaba capacidad para imponerse por las armas, pero, si llegaban
a hacerlo, sería al precio de una carnicería. Porque
los mexicanos –afirmó Steffens– no tenían miedo a
morir. Cuando los hombres caían, las mujeres reco-
gían los rifles y continuaban disparando.

Mientras muchos de sus conciudadanos sólo
vieron en la revolución un obstáculo a los negocios,
nuestro reportero creyó que anticipaba la sociedad
del futuro, más justa. Entretanto, no dejó de obser-
var que los acontecimientos no se ajustaban al guion
previsto por Karl Marx. El autor de *El Capital* había
supuesto que la rebelión contra la sociedad capitalista se produciría en un país industrial con una clase

obrera numerosa y organizada. México, un estado pobre en el que predominaba el campesinado, no parecía a primera vista el candidato más idóneo para convertirse en el faro de los desposeídos.

Steffens defendió a Venustiano Carranza, al que presentó como un reformador progresista, especificando que no se le debía tomar por un demagogo. Su solución para los problemas sociales estribaba en prevenir la acumulación de una riqueza individual excesiva, interesándose por la democracia económica antes que por la política. Su régimen estaba lleno de corruptos, pero él se distinguía por su honestidad. Si no combatía con más eficacia los manejos turbios de muchos políticos y generales, se debía a que no era un autócrata y, por tanto, carecía de un poder irrestricto. En México, sólo los extranjeros deseaban la aparición de un nuevo «hombre fuerte».

Con Pancho Villa, en cambio, Steffens se mostró fuertemente crítico. A sus ojos, no pasaba de ser un bandido analfabeto y falto de escrúpulos. Un demonio, en definitiva.

Convencido de la superioridad anglosajona, México le resultaba desconcertante por lo ajeno. Recorrer su territorio junto a Carranza equivalía a dar un paseo por la luna. En 1916 dio por finalizada la etapa militar de la revolución, pero creía que se habían liberado fuerzas que continuaban en activo. Las clases bajas habían probado el sabor de la libertad, habían abusado de ella y no parecían dispuestas a volver al trabajo para reconstruir el país. Pretendían, a su juicio, que se les diera algo por nada, aferrándose al vicio y a la holgazanería. Europa, inmersa en la Primera Guerra Mundial, tendría el mismo problema cuando llegara la paz...

El revolucionario que se desdijo

Turner y Steffens eran periodistas. Jack London, en cambio, destacaba como novelista de éxito, autor de clásicos como *Colmillo blanco* o *La llamada de la selva*. Al igual que Turner, London empezó a interesarse por lo que sucedía al sur de Río Grande gracias a su vínculo con los magonistas. En 1911, en una carta abierta a los «queridos y valientes camaradas de la Revolución mexicana», había apoyado su lucha contra «la esclavitud y la autocracia». Por esas fechas publicó un cuento, *El mexicano*, protagonizado por un muchacho misterioso que se llama Felipe Rivera, de no más de dieciocho años. Un día, Rivera se une a la Junta clandestina que prepara la insurrección contra Porfirio Díaz. Desde el principio, sus jefes desconfían de él: puede ser un espía a sueldo del régimen. Su miedo se justifica por los peligros de la clandestinidad, pero también contiene un elemento de clase. Desde el punto de vista de los revolucionarios burgueses, Rivera representa al pueblo llano, a un mundo que les es completamente desconocido y con el que son incapaces de empatizar, temerosos de una mentalidad que les parece primitiva y oscura. Sin embargo, nadie hay más sacrificado que el supuesto soplón, ni más eficaz. De una manera o de otra, siempre se las arregla para llevar a la organización el dinero imprescindible para su funcionamiento.

A medida que avanza la narración, conocemos algunos detalles importantes acerca de este joven silencioso y frío. Por sus venas corre sangre mestiza, por lo que a menudo es víctima de comportamientos racistas. Su carácter, inescrutable, se ajusta al estereotipo del indio como ser que nunca expresa lo que siente. Para él, los blancos, sobre todo si son estadounidenses, constituyen un enemigo prácticamente indiferenciado. Todos son hostiles y de todos hay que desconfiar.

Su obsesión con la revolución parece, al principio, casi patológica. Si es por la causa no hay cosa que se niegue a hacer, aunque le manden limpiar suelos. Sólo uno de sus correligionarios llega a intuir la clave de su extraño comportamiento, al imaginar que ha debido pasar por un infierno. Así es. Su motivación es muy concreta y personal. Sus padres fueron masacrados en Río Blanco, durante la represión que aplastó la famosa huelga. Por eso se dedica al boxeo, deporte en el que ha encontrado la manera de obtener los fondos que se necesitan para derrocar a la tiranía.

Tres años después de la aparición de *El mexicano*, London decidió que debía ir donde estaba la acción. Por ello, aceptó un puesto en Veracruz como corresponsal de guerra por cuenta de la revista *Collier's*, propiedad del magnate William Randolph Hearst, a cambio de mil cien dólares semanales más gastos. Seguramente esperaba vivir emociones como las que había experimentado en Canadá, en tiempos de la fiebre del oro, mientras escribía crónicas trepidantes protagonizadas por gentes salvajes. La realidad se ocupó de hacer fracasar su proyecto, ya que en esos momentos se hallaba en una ciudad en calma. Pero, si hubiera encontrado una situación inestable, tampoco habría podido aprovecharla. La disentería le obligó a no aventurarse demasiado lejos, mientras soportaba un aburrimiento peor que la enfermedad.

Por entonces había dejado de ser el radical al que le gustaba presumir de su escasa respetabilidad. Ahora criticaba a los insurgentes mexicanos, tachándoles de anarquistas estúpidos, y defendía los intereses de las petroleras norteamericanas. Afirmaba que una nación con el poder de Estados Unidos tenía derecho a intervenir para salvar a México de sí mismo, evitando que sus ineptos gobernantes convirtieran el país en un matadero. De esta forma, a ojos de la izquierda norteamericana, se convirtió en un traidor.

UNA MIRADA FEMENINA

Para acabar esta panorámica, forzosamente breve, no podemos olvidar a la escritora Katherine Anne Porter. Llegó a México en noviembre de 1920, decidida a reunir el material literario que necesitaba. Cansada de una vida insípida en Texas, buscaba algo nuevo en la agitada historia de una tierra romántica. En esos momentos, aún era una desconocida. Sin embargo, como apunta Susana María Jiménez Placer en un estudio sobre su obra, su segunda patria iba a permitirle alcanzar la fama literaria.

Uno de sus mejores relatos narra un triángulo amoroso. En plena Revolución mexicana, Juan, el típico hombre machista, se fuga con su amante, María Rosa. Ambos luchan en el frente hasta que él se cansa de la vida militar y deserta. A su regreso, la esposa legítima, María Concepción, el personaje que da título al cuento, asesina a su rival a sangre fría y se queda con su hijo, que lo es también de su marido. Nadie sospecha de ella, respetada por la comunidad, todo lo contrario que la víctima, de reputación dudosa.

Con sensibilidad feminista, Porter muestra la profunda discriminación de género de la sociedad mexicana, donde la función de la mujer se pretende limitar a la realización de tareas domésticas. De uno de los personajes, Givens, se dice, con total extrañeza, «que no tenía mujer propia que le cocinara y que,

La escritora Katherine Anne Porter (1890-1980)
consideraba a México una segunda patria. Truman Capote,
al distinguir entre escritores y artistas, la colocaba entre los
segundos.

además, no parecía perder ni un ápice de dignidad por
prepararse la comida».

La autora, tras su inicial entusiasmo, acabaría
desengañada con la Revolución. Creía que no había
servido de mucho, al no erradicar la miseria de la mayoría

de los ciudadanos. En sus cuentos critica la corrupción de los generales de «enormes barrigas», o hace humor con la inestabilidad del país. Así, en *Aquel árbol*, la detonación de un tubo de escape suscita un comentario lleno de humor negro. «Otra revolución», dice un joven rubicundo. Se trata, según Porter, de la broma más vieja que se gasta en México desde los tiempos de la Independencia.

Bibliografía

AGUILAR CAMÍN, Héctor y MEYER, Lorenzo. *A la sombra de la Revolución mexicana*. México D. F.: Ed. Cal y Arena, 1993.

AGUILAR MORA, Jorge. *Una muerte sencilla, justa, eterna. Cultura y guerra durante la revolución mexicana*. México D.F.: Ediciones Era, 1990.

AZUELA, Mariano. *Los de abajo*. Barcelona: Ed. Vicens Vives, 2000.

BLASCO IBÁÑEZ, Vicente. *El militarismo mejicano*. Valencia: Ed. Prometeo, 1920.

BRADING, David A. (comp.). *Caudillos y campesinos en la Revolución mexicana*. México D. F.: Fondo de Cultura Económica, 2014.

BRIENZA, HERNÁN. *Emiliano Zapata. Insurrección a la mexicana*. Buenos Aires: Ed. Capital Intelectual, 2007.

Buelna Serrano, María Elvira (coord.). *Texto e imágenes de tiempos convulsos. México insurgente y revolucionario.* México D. F.: Universidad Autónoma Metropolitana, 2011.

Buve, Raymond y Fowler-Salamini, Heather (eds.). *La Revolución mexicana en el oriente de México.* Madrid: Ed. Iberoamericana, 2010.

Cano, Gabriela. «Revolución, feminismo y ciudadanía (1915-1940)». II Coloquio anual de investigación y estudios sobre las mujeres y las relaciones entre los géneros. México. PUEG-UNAM: 2 de diciembre de 1992.

Castro, Pedro. *Álvaro Obregón. Fuego y cenizas de la Revolución mexicana.* México D.F.: Ediciones Era, 2009.

Córdova, Arnaldo. «La filosofía de la Revolución Mexicana». En: *Cuadernos Políticos*, 1975, n.º 5: 93-103.

—, *La ideología de la revolución mexicana.* México D. F.: Ediciones Era, 2013.

Cosío Villegas, Diego. *Historia moderna de México.* México: Ed. Hermes, 1974.

Cumberland, Charles C. *Madero y la Revolución mexicana.* México D.F.: Ed. Siglo XXI, 1977.

Domínguez Michael, Christopher. «Alan Knight: el Leviatán de papel». En: *Letras Libres,* 2010, n.º 139: 76-81.

Flores Magón, Ricardo. «El Movimiento Económico». En: *Regeneración,* 1912, n.º 71.

Fowler, Will (coord.). *Gobernantes mexicanos.* México D. F.: Fondo de Cultura Económica, 2008.

FUENTES, Carlos. *La muerte de Artemio Cruz*. Madrid: Ed. Cátedra, 2001.

FUNES, Patricia. *Historia mínima de las ideas políticas en América Latina*. Madrid: Ed. Turner, 2014.

GARCIADIEGO, Javier. *Textos de la Revolución Mexicana*. Caracas: Biblioteca Ayacucho, 2010.

—, *Ensayos de historia sociopolítica de la Revolución mexicana*. México D. F.: El Colegio de México, 2011.

GARCÍA GRANADOS, Ricardo. *El problema de la organización política de México*. México: Tipografía Económica, 1909.

GARNER, Paul. *La Revolución en la provincia. Soberanía estatal y caudillismo serrano en Oaxaca, 1910-1920*. México D.F.: Fondo de Cultura Económica, 2003.

GILLY, Adolfo. *La revolución interrumpida*. México D. F.: Ediciones Era, 2007.

GONZÁLEZ Y GONZÁLEZ, Luis. *Alba y ocaso del porfiriato*. México D.F.: Fondo de Cultura Económica, 2010.

GONZÁLEZ DE LA VARA, Martín. «Entrevista con Luis González y González. El mito de la Revolución Mexicana». En: *Letras Libres*, 2003; n.º (57): 32-36.

GUILPAIN PEULIARD, Odile. *Felipe Ángeles y los destinos de la Revolución mexicana*. México D.F.: Fondo de Cultura Económica, 1995.

GUZMÁN, Martín Luis. *El águila y la serpiente*. Barcelona: Ed. Casiopea, 2000.

HAMNETT, Brian. *Historia de México*. Madrid: Cambridge University Press, 2001.

HART, John Mason. *Revolutionary Mexico. The coming and process of the Mexican Revolution*. Berkeley, Los

Ángeles y Londres: University of California Press, 1987.

Jiménez Placer, Susana María. *Katherine Anne Porter y la Revolución mexicana: de la fascinación al desencanto.* Valencia: Universidad de Valencia, 2004.

Katz, Friedrich. *Pancho Villa.* México D. F.: Ediciones Era, 1998.

Kenneth Turner, John. *México bárbaro.* México D. F.: Editores Mexicanos Unidos, 2000.

Kershaw, Alex. *Jack London. Un soñador americano.* Barcelona: La Liebre de Marzo, 2000.

Knight, Alan. «Interpretaciones recientes de la Revolución mexicana». En: *Secuencia. Revista Americana de Ciencias Sociales*, 1989, n.º 13: 23-43.

—, *La Revolución mexicana.* México D. F.: Fondo de Cultura Económica, 2010.

Krauze, Enrique. *Siglo de Caudillos.* Barcelona: Tusquets Editores, 1994.

—, *Biografía del poder. Caudillos de la Revolución mexicana (1910-1940).* Barcelona: Tusquets Editores, 2004.

Lartigue, Luciana. *La Revolución mexicana.* México: Ed. Ocean Sur, 2011.

Lomnitz, Claudio. *El antisemitismo y la ideología de la revolución mexicana.* México D. F.: Fondo de Cultura Económica, 2010.

London, Jack. *El mexicano/The Mexican.* Barcelona: Ara Llibres, 2012.

Madero, Francisco I. *La sucesión presidencial en 1910.* México, 1909.

MARTÍN RAMOS, José Luis. «La mexicana, la revolución encara reivindicada». En: *L'Avenç*, 2000, n.º 245: 26-31.

MAYER, Alicia (coord.). *México en tres momentos: 1810-1910-2010.* México D. F.: Universidad Nacional Autónoma de México/Instituto de Investigaciones Históricas, 2007.

McLYNN, Frank. *Villa and Zapata. A biography of the Mexican Revolution.* Londres: Jonathan Cape, 2000.

MENEGUS BORNEMANN, Margarita. *El agrarismo en la Revolución mexicana.* Madrid: Ediciones de Cultura Hispánica, 1990.

MEYER, Eugenia. *John Kenneth Turner, periodista de México.* México D. F.: Ediciones Era, 2005.

MEYER, Jean. *La Révolution mexicaine.* París: Tallandier, 2010.

MIJANGOS DÍAZ, Eduardo N. «La Revolución mexicana y los nuevos enfoques historiográficos. Entrevista a Gloria Villegas». En: *Tzintzun. Revista de Estudios Históricos,* 1991, n.º 14: 144-158.

MOLINA ENRÍQUEZ, Andrés. *Los grandes problemas nacionales.* México: Imprenta de A. Carranza e hijos, 1909.

NERUDA, Pablo. *Canto general.* Madrid: Ed. Cátedra, 2005.

ORELLANA, Margarita de. *Villa y Zapata. La revolución mexicana.* Madrid: Anaya, 1988.

OROZCO, Wistano Luis. *Legislación y jurisprudencia sobre terrenos baldíos.* México: Ed. Imp. de El Tiempo, 1895.

Pierri, Ettore. *Vida, pasión y muerte de Emiliano Zapata.* México D. F.: Editores Mexicanos Unidos, 2003.

Pineda Gómez, Francisco. *La Revolución del Sur, 1912-1914.* México D. F.: Ediciones Era, 2005.

Poniatowska, Elena. *Las soldaderas.* México D. F.: Ediciones Era, 2000.

Porter, Katherine Anne. *Cuentos completos.* Barcelona: Debolsillo, 2009.

Reed, John. *México insurgente.* Barcelona: Ed. Crítica, 2000.

Romero Flores, Jesús. *La Constitución de 1917 y los primeros gobiernos revolucionarios.* México D. F.: Libro Mex Editores, 1960.

Rulfo, Juan. *El llano en llamas.* Madrid: Ed. Cátedra, 2014.

Santana, Adalberto. «Emiliano Zapata en el pensamiento latinoamericano». En: *Cuadernos Americanos,* 2010, n.º 134: 53-72.

Schettino, Macario. *Cien años de confusión. México en el siglo xx.* México D.F.: Ed. Taurus, 2007.

Silva-Herzog, Jesús. *Breve historia de la Revolución mexicana.* México D. F.: Fondo de Cultura Económica, 1960.

Simpson, Lesley Byrd. *Muchos Méxicos.* México D. F.: Fondo de Cultura Económica, 1977.

Steffens, Lincoln. «Into Mexico and Out». En: *Everybody's Magazine,* 1916; n.º 5: 533-547.

Taibo II, Paco Ignacio. *Pancho Villa. Una biografía narrativa.* Barcelona: Ed. Planeta, 2007.

—, *Temporada de zopilotes. Una historia narrativa de la Decena Trágica.* México D. F.: Ed. Planeta, 2009.

VELÁZQUEZ ESTRADA, Rosalía. «John Kenneth Turner y Venustiano Carranza: una alianza en contra del intervencionismo estadounidense». En: *Signos Históricos,* 2002; n.º 7: 201-228.

VV. AA. *Historia de México.* Barcelona: Ed. Crítica, 2001.

VV. AA. *Nueva historia mínima de México.* Madrid: Ed. Turner, 2013.

VILLA, Guadalupe y VILLA, Rosa Helia (eds.). *Pancho Villa. Relato autobiográfico, 1894-1914.* Madrid: Ed. Taurus, 2004.

VON WOBESER, Gisela. (coord.). *Historia de México.* México, D. F.: Secretaría de Educación Pública, Academia Mexicana de la Historia y Fondo de Cultura Económica, 2013.

WOMACK, John. *Zapata y la revolución mexicana.* Madrid: Ed. Siglo XXI, 2004.

HEMEROTECA

ABC (Madrid, España).

El demócrata fronterizo (Laredo, Estados Unidos).

El Informador (Guadalajara, México).

El País (Ciudad de México).

Regeneración (Los Ángeles, Estados Unidos).

Colección Breve Historia...

- *Breve historia de los samuráis,* Carol Gaskin y Vince Hawkins
- *Breve historia de los vikingos,* Manuel Velasco
- *Breve historia de la Antigua Grecia,* Dionisio Mínguez Fernández
- *Breve historia del Antiguo Egipto,* Juan Jesús Vallejo
- *Breve historia de los celtas,* Manuel Velasco
- *Breve historia de la brujería,* Jesús Callejo
- *Breve historia de la Revolución rusa,* Íñigo Bolinaga
- *Breve historia de la Segunda Guerra Mundial,* Jesús Hernández
- *Breve historia de la Guerra de Independencia española,* Carlos Canales
- *Breve historia de los íberos,* Jesús Bermejo Tirado
- *Breve historia de los incas,* Patricia Temoche
- *Breve historia de Francisco Pizarro,* Roberto Barletta
- *Breve historia del fascismo,* Íñigo Bolinaga

- *Breve historia del Che Guevara,* Gabriel Glasman
- *Breve historia de los aztecas,* Marco Cervera
- *Breve historia de Roma I. Monarquía y República,* Bárbara Pastor
- *Breve historia de Roma II. El Imperio,* Bárbara Pastor
- *Breve historia de la mitología griega,* Fernando López Trujillo
- *Breve historia de Carlomagno y el Sacro Imperio Romano Germánico,* Juan Carlos Rivera Quintana
- *Breve historia de la conquista del Oeste,* Gregorio Doval
- *Breve historia del salvaje oeste. Pistoleros y forajidos.* Gregorio Doval
- *Breve historia de la Guerra Civil española,* Íñigo Bolinaga
- *Breve historia de los cowboys, Gregorio Doval*
- *Breve historia de los indios norteamericanos,* Gregorio Doval
- *Breve historia de Jesús de Nazaret,* Francisco José Gómez
- *Breve historia de los piratas,* Silvia Miguens
- *Breve historia del Imperio bizantino,* David Barreras y Cristina Durán
- *Breve historia de la guerra moderna,* Françesc Xavier Hernández y Xavier Rubio
- *Breve historia de los Austrias,* David Alonso García
- *Breve historia de Fidel Castro,* Juan Carlos Rivera Quintana

- *Breve historia de la carrera espacial,* Alberto Martos
- *Breve historia de Hispania,* Jorge Pisa Sánchez
- *Breve historia de las ciudades del mundo antiguo,* Ángel Luis Vera Aranda
- *Breve historia del Homo Sapiens,* Fernando Díez Martín
- *Breve historia de Gengis Kan y el pueblo mongol,* Borja Pelegero Alcaide
- *Breve historia del Kung-Fu,* William Acevedo, Carlos Gutiérrez y Mei Cheung
- *Breve historia del condón y de los métodos anticonceptivos,* Ana Martos Rubio
- *Breve historia del Socialismo y el Comunismo,* Javier Paniagua
- *Breve historia de las cruzadas,* Juan Ignacio Cuesta
- *Breve historia del Siglo de Oro,* Miguel Zorita Bayón
- *Breve historia del rey Arturo,* Christopher Hibbert
- *Breve historia de los gladiadores,* Daniel P. Mannix
- *Breve historia de Alejandro Magno,* Charles Mercer
- *Breve historia de las ciudades del mundo clásico,* Ángel Luis Vera Aranda
- *Breve historia de España I, las raíces,* Luis E. Íñigo Fernández
- *Breve historia de España II, el camino hacia la modernidad,* Luis E. Íñigo Fernández
- *Breve historia de la alquimia,* Luis E. Íñigo Fernández
- *Breve historia de las leyendas medievales,* David González Ruiz

- *Breve historia de los Borbones españoles,* Juan Granados
- *Breve historia de la Segunda República española,* Luis E. Íñigo Fernández
- *Breve historia de la Guerra del 98,* Carlos Canales y Miguel del Rey
- *Breve historia de la guerra antigua y medieval,* Francesc Xavier Hernández y Xavier Rubio
- *Breve historia de la Guerra de Ifni-Sáhara,* Carlos Canales y Miguel del Rey
- *Breve historia de la China milenaria,* Gregorio Doval
- *Breve historia de Atila y los hunos,* Ana Martos
- *Breve historia de los persas,* Jorge Pisa Sánchez
- *Breve historia de los judíos,* Juan Pedro Cavero Coll
- *Breve historia de Julio César,* Miguel Ángel Novillo López
- *Breve historia de la medicina,* Pedro Gargantilla
- *Breve historia de los mayas,* Carlos Pallán
- *Breve historia de Tartessos,* Raquel Carrillo
- *Breve historia de las Guerras carlistas,* Josep Carles Clemente
- *Breve historia de las ciudades del mundo medieval,* Ángel Luis Vera Aranda
- *Breve historia del mundo,* Luis E. Íñigo Fernández
- *Breve historia de la música,* Javier María López Rodríguez
- *Breve historia del Holocausto,* Ramon Espanyol Vall
- *Breve historia de los neandertales,* Fernando Díez Martín
- *Breve historia de Simón Bolívar,* Roberto Barletta

- *Breve historia de la Primera Guerra Mundial*, Álvaro Lozano
- *Breve historia de Roma*, Miguel Ángel Novillo López
- *Breve historia de los cátaros*, David Barreras y Cristina Durán
- *Breve historia de Hitler*, Jesús Hernández
- *Breve historia de Babilonia*, Juan Luis Montero Fenollós
- *Breve historia de la Corona de Aragón*, David González Ruiz
- *Breve historia del espionaje*, Juan Carlos Herrera Hermosilla
- *Breve historia de los vikingos (reedición)*, Manuel Velasco
- *Breve historia de Cristóbal Colón*, Juan Ramón Gómez Gómez
- *Breve historia del anarquismo*, Javier Paniagua
- *Breve historia de Winston Churchill*, José Vidal Pelaz López
- *Breve historia de la Revolución Industrial*, Luis E. Íñigo Fernández
- *Breve historia de los sumerios*, Ana Martos Rubio
- *Breve historia de Cleopatra*, Miguel Ángel Novillo
- *Breve historia de Napoleón*, Juan Granados
- *Breve historia de al-Ándalus*, Ana Martos Rubio
- *Breve historia de la astronomía*, Ángel R. Cardona
- *Breve historia del islam*, Ernest Y. Bendriss

- *Breve historia de Fernando el Católico,* José María Manuel García-Osuna Rodríguez
- *Breve historia del feudalismo,* David Barreras y Cristina Durán
- *Breve historia de la utopía,* Rafael Herrera Guillén
- *Breve historia de Francisco Franco,* José Luis Hernández Garvi
- *Breve historia de la Navidad,* Francisco José Gómez
- *Breve historia de la Revolución francesa,* Iñigo Bolinaga
- *Breve historia de Hernán Cortés,* Francisco Martínez Hoyos
- *Breve historia de los conquistadores,* José María González Ochoa
- *Breve historia de la Inquisición,* José Ignacio de la Torre Rodríguez
- *Breve historia de la arqueología,* Jorge García
- *Breve historia del Arte,* Carlos Javier Taranilla
- *Breve historia del cómic*, Gerardo Vilches Fuentes
- *Breve historia del budismo*, Ernest Yassine Bendriss
- *Breve historia de Satanás*, Gabriel Andrade
- *Breve historia de la batalla de Trafalgar*, Luis E. Íñigo Fernández
- *Breve historia de los Tercios de Flandes*, Antonio José Rodríguez Hernández
- *Breve historia de los Medici*, Eladio Romero
- *Breve historia de la camorra*, Fernando Bermejo

- *Breve historia de la guerra civil de los Estados Unidos*, Montserrat Huguet
- *Breve historia de la guerra del Vietnam*, Raquel Barrios Ramos

PRÓXIMAMENTE...

- *Breve historia de los visigodos*, Fermín Miranda
- *Breve historia de la Cosa Nostra*, Fernando Bermejo
- *Breve historia de la batalla de Lepanto*, Luis E. Íñigo Fernández
- *Breve historia de la Gestapo*, Sharon Vilches
- *Breve historia de la arquitectura*, Teresa García Vintimilla
- *Breve historia de los samuráis*, Jonathan López-Vera
- *Breve historia de las dictaduras latinoamericanas*, Cristina Luz García Gutierrez y Misael Arturo López Zapico

Las imágenes se insertan con fines educativos.

Se han hecho todos los esfuerzos posibles para contactar con los titulares del *copyright*.